Johann Schmidlap

Künstliches und rechtschaffendes Feuerwerk

Zum Schimpf

Johann Schmidlap

Künstliches und rechtschaffendes Feuerwerk
Zum Schimpf

ISBN/EAN: 9783743629806

Hergestellt in Europa, USA, Kanada, Australien, Japan

Cover: Foto ©Thomas Meinert / pixelio.de

Weitere Bücher finden Sie auf **www.hansebooks.com**

Künstliche vnd rechtschaffene Fewerwerck zum Schimpff/ vormals im Truck nie außgangen.

Dermassen an tag geben vnd beschrieben/deßgleichen mit artlichen Figuren dargethan/ das ein jeoder / so vormals solchers kein erfarung gehabt hat/ leichtlich sie gantz künstlich herauß lernen mag.

Durch

Johannem Schmidlap/ von Schorndorf.

Cum Gratia & Priuilegio ad Quinquennium

Nürnberg.

M. D. LXIIII.

Dem Edlen vnd

Vesten/ Wilhelmē von Ja-
nuwitz des durchleuchtigen hochge-
bornen Fürsten vnd Herrn / Herrn
Christoffens / Hertzogens zu Wir-
tenberg/ꝛc. Zeugmeyster/ meinem günstigen lieben
Junckherrn.

Edler vnnd Vester/
günstiger lieber jun-
ckher / E. V. sindt
meine gantz willige dienst
neben wündschung eines
glückseligen newen Jarß/
jeder zeyt zuuor. Ich habe

A ij mei-

meine tag luſt vnd liebe ge=
habt/ allerley künſtliche vnd
rechtſchaffene ſchimpffliche
Fewerwerck zu vben/ vnnd
zu treiben. Der wegen ich
denn dieſelben/ vnd ſonder=
lich die vorbereytung zu ſol=
chen wercken/ in diß gegen=
wertig Büchle / ſampt den
Figuren verfaſſet/ Wie E.
D. hierauß günſtigklich zu
ſehen vnd zu leſen haben.

Demnach vnnd dieweyl
ich wol weyſz/ das E. D. zu
ſolchen kurtzweyligen ſa=
chen

chen grosse lust tragen/ auch
dergleichen selbst viel getrie=
ben/ So hab ich nicht vn=
terlassen mögen/ E. V. als
dem rechten Patronen vñ
liebhaber solcher Kunststü=
ckle/ dieses büchle im Truck
zu dedicieren/ vnnd damit
zuuerehren. Wie ich denn
nicht zweyffele/ E. V. nicht
allein hieran ein sonders ge
fallen/ sondern auch ande=
re kurtzweylige leut/ inn v=
bung solcher stücke/ ein gu=
tes gefallen haben werden.

Bitte derhalben gantz
demütigklich E. V. wöllen
jhnen diese meine Dedica-
tion vnnd künstlich wercke/
günstig gefallen lassen/ vnd
von mir freundtlich anne=
men. Denn wo ich E. V.
nicht allein inn einem sol=
chen geringen wilfaren/ son
dern in einem grössern/ mei=
nen vnterdienstlichen wil=
len erzeygen köndte/ sol mich
die selb jeder zeit gantz wil=
lig befinden. Vnd thu mich
E. V. zu dienen jeder zeyt
befel=

befelhen. Datum Schorn=
dorff am newen Jarßtag/
Anno LX.

E. V. Dienstwilliger
Johañ Schmidlapp.

A üij Vor=

Vorrede an den

günstigen Leser.

Ch habe kein zwey=
fel freundtlicher Leser / es
werde etliche mißgünstige
Künstler / diß mein klein/
doch künstlich wercklein / das solches
an tag komme / verdriessen / dieweyl
vormals dergleichen inn dem Truck
niemals außgangen/ Denn ich solches
nicht auß büchern zusamen geklaubt/
sondern von etlichen diser kunst wol=
erfarnen (nicht on gelt) zuwegen ge=
bracht habe/ Derwegen/ vnnd ob ich
wol bedacht gewesen/ solche künstlein
mir allein zubehalten/ so hab ich doch
dieselbigen/ dieweil sich junge gesellen/
vnd andere der künsten liebhaber (bö
sers zu vermeyden) hiermit erlüsti=
gen/ vnd dise stücklein oben möchten/

vnter

vnter die hand genommen/vnd (vn=
geachtet/das ich von etlichen bespro-
chen worden/jhnen diese stücklein nit
vmb gering gelot folgen zu lassen)
gleichwol damit menigklich sich dar=
mit erlüstigen möge/inn Truck gege=
ben/Inn willen vnd meynung/allen
kurtzweyligen Künstlern darmit zu
dienen. Verhoffe auch mit solchem
wercklein andere dieser kunst höher
erfarne Fewerwercker zu reitzen/diß
werck mit irem zusatz teglich zu bes=
sern/ Auch soll sich der jenige/ so sich
mit diesen künstlein vben wil / nicht
verdriessen lassen/die beschreybungen
der Fewrwerck fleyssig zu lesen/vnd
jhine auff das best nachzutrachten /
Denn nicht möglich / alles gnugsam
volkommenlich zubeschreiben / Wie=
wol ich es auff das weytleuffest/vnd
so viel ich vermeynt von nöten sein/
beschrieben habe/Vnd so du also fleiß

A   v   dar=

darmit haben wirdeſt/wirſt du gute
künſtliche ſtücklein befinden / Kanſt
dich auch durch ſolchen fleyß vnd ge=
warſam / vor ſchaden vnnd vnrath
bewaren. Ich hette gleichwol auff
mehr manieren ſchimpffliche Fewer=
werck künden anzeygen/ hab es aber
von vnnöten geachtet/Denn auß di=
ſen mögen gar nahe allerley Fewer=
werck gemacht werden/ ſo zu dem
ſchimpff gehören/ wenn du allein der
ſachen ein wenig fleyſſig nach geden=
ckeſt/wie dir deñ die vbung wol wirt
vnterricht geben.Wenn ich nun ſpü=
re / das diß mein künſtlich wercklein/
dir vñ meniglich angeneme ſein wirt/
wil ich mittler zeit ſolches (ob Gott
wil) mit andern Fewerwercken/ſo
zum ernſt gebraucht möchten wer=
den/mehrē. Auch bin ich wol willens
geweſen/zu end diſes Büchleins/ dich
zu vnterrichten/wie du einen fliegen=
den

den Trachen inn den lüfften machen
solt/welchs von denen/so deſſen vn-
erfarë/für vnmüglich geachtet wird/
Wil ich doch ſolch künſtlich vñ kürtz-
weylig ſtücklein behalten/ biß ich ohn
das diſes büchlein mit andern Fewrwercken beſſere. Vnd hiemit dich ge-
beten haben/wölleſt jetztmals mit di-
ſem vergnügt ſein/biß ich mit dem v-
brigen / wie gemeldet / auch hernach
komme / damit du ſolche auch deſter
baß zu rechtgeſchaffnem ende möch-
teſt bringen / Datum Schorndorff
am newen Jarſtag/Anno 1560.

Register der Fewerwerck

so in diesem Büchlein begriffen
sind/sampt andern stücken.

Racketen

auch auß einem Mörſer werffen/ſo du
wilt/denn ſie gantz ſchön brindt.   52

Ende dieſes Regiſters.

Es ist von nöten/ehe vnnd
ich zu den beschreybungen
der Fewrwerck trette/das
ich zuuor ein wenig berich-
tes an etlichen stücken gebe / durch
welche die Fewrwerck gemacht vnd
zugericht müssen werden/auff das es
dir dester gewiser von stat gehe.

Wie man den ge
meynen Salpeter / so hin
vnd wider verkaufft wird/baß leu-
tern vnd zurichten sol/das er zu allen
Fewerwercken tügenlich seye/Denn
er gemeiniglich/so er verkaufft wird/
noch nicht gnugsam geleu-
tert worden ist.

Thu jhm also: Nim des gemeynen Salpeters/ so viel denn du

B   not-

nottürfftig bist / geuß frisch wasser
daran / vngesehr das dz wasser zwen
oder drey zwerchfinger darüber gehe /
Vnd das geschirr sol eysen sein / laß jn
darinn also sieden / völlig / so lange als
man herte eyer seud / oder ein wenig
lenger / vnd als damit sol er auch ver-
scheumbt werden / Nachmals lasse jn
ein wenig vberschlahen / als deñ geuß
es inn ein dennen oder jrden geschirr /
vnd laß ihn also anschiessen in küllem
ort / welches geschehen mag vngesehr
inn einer nacht / Nachmals die laug
herab geseigt / vnnd den angestoßnen
Salpeter auff ein bret oder Becken
gethan / an der Sonn / oder auff dem
ofen gnugsam getrucknet / vngesehr
auff 24. stund / oder was lenger / Vnd
so er also zubereyt ist / als denn ist er
zu allen Fewrwercken / darzu er deñ
gebraucht wird / gantz fertig.

Wie

Wie man gemel=
ten salpeter schmeltzen soll/
auff das er dester stercker zum fewrwercken seye/vnd in die lenge
bestendiger bleybe.

Nim obgemelts Salpeters / so
vil du wilt/thu solchen in ein ei=
sen geschirre / mach ein gut hell
fewer darunter/truck jhn als vnter/
vnd so er gar vergangen ist/als denn
geuß jn in ein meß/kupffer/oder eysen
geschirre/laß jn also wol kalt werden/
als denn ist er nach dem besten fertig/
vnnd zu allen Fewerwercken dester
geschickter vnnd bestendiger / Mag
auch nicht/wie sonst / widerumb ein
feuchten an sich ziehen.

B ij Kol

Kol wie sie sein

sollen/auch von was holtz.

Merck/ so offt du vnter den beschreibungen findest Kol/ das
du alweg nemest/die von linden
holtz seyen/ Sihe auch das solche gnug
sam gebrandt seyen worden. Wo du
aber in der eyl solche nit haben möch-
test/als denn mm allein büche kol/wie
die Schmid brauchen/vnd nicht dise/
so an einem fewer gebrandt werden/
sondern die von kölern gebrant seyen/
vnnd das an solchen kein rind seye.
Vnd auff gemelte weyß/sindt die kol
tüglich.

Schwebel wie

solcher sein solle.

Erst

ERSTlich soll er sein an der farb
schön gelb/vnnd so du solchen ein
weil in zugethaner hand hast/das
er entzwey breche. Weiters ist nit von
nöten anzuzeygen/ denn er allenthalben gut vnd gerecht verkaufft wird.

Hiernach folgen die be=
schreibungen der fewer=
werck.

Lechkertzlein võ

fewerwerck/so sie angezün-
det/einem in der hand zerfaren.

MAchs also: Nům gut Schießpuluer / als denn verlasse einen
leim/mache solchen zimlich důn/
geuß an gemelt puluer/das so du es
wol durcheinander temperierst / das
es ein zimliches dickes teyglein geb/so

B iij   sol-

ſolches beſchehen / bruch es mit einem
meſſer auß / das es kertzlein geb / fin⸗
gers lang / Jn der dicke aber / wie die
Apoteckiſchen Reuchkertzlein ſindt/
Denn welger ſie mit der hand/oder
mit einem meſſer/auff einem glatten
gehobelten bret / Vnd damit es nicht
am bret anhange / beſtrewe es mit
klein geſtoſſnem puluer/damit du die
kertzlein gentzlich formieren vnd ma⸗
chen mögſt/nach art wie ſie denn ſein
ſollen. Jſt auch nicht von nöten/das
du füßlein daran macheſt.Vnd ſo ſie
alſo gemacht ſein/leg ſie neben ein an⸗
der auff ein bretlein/zu zimlicher wer
me/laß ſie deñ alſo ein zeitlang truck⸗
nen / Denn je elter ſie ſindt / je beſſer
vñ geſchwinder ſie einem in der hand
zerfarē. Magſt auch den leim an ſtat
des waſſers / mit gebrantem wein
verlaſſen/ſolchs ſtehet zu dir/als deñ
ſind ſie fertig.

Rach⸗

Racketenstöcke/

wie solche zuzurichten sein/

Darinn denn die Racketen gemachet müssen werden.

NIm erstlich ein gut Pirenbaum holtz/das dürr sey/on nest/vngeferh eines arms dick/vnnd einer span lang/Laß solch holtz rund drehē/ in der dicke vngefehr zweier zimlicher zwerchfinger dick. Mercke auch hie/ das ich dich hiemit wil lehren/die kleineste form der Racketenstöck eigentlich außzuteilen vnd zubereiten/Wiewol sie kleiner auch gemacht möchten werden/aber solche nach meinem gepuncken zu klein/vnd nit sonders nützlich seyen/Auch wie du inn solcher außteilung des kleinen racketenstocks vnterricht wirst/verstehe auch von den grossen/wie du denn hören wirst

B iiij   zu

zu end diser beschreibung. Vnd so das
holtz also (wie gesagt) gedrehet ist/als
denn laß dir den Drechßler mit einem
Drehneber ein loch durch das holtz/
so fern es denn von nöten wird sein/
drehen/vnnd das solch loch gerad inn
der mitte des holtz hinab gehe / vnnd
gantz sauber vnd glat herausser gedre

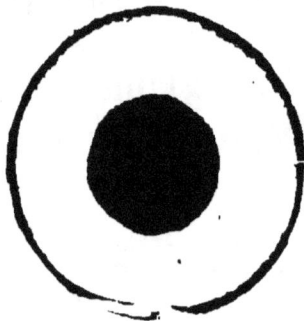

het seye/auch das
solcher neber ein
loch / das diese
weyte / so hinne-
ben in der mitten
des grossen Zir-
ckels verzeichnet
ist/gebe/Oder a=
ber gar ein wenig kleiner oder gröf-
ser (Denn die Drechsselneber nicht alweg eben gerad diese größ haben)
Der ander Zirckel darumb / ist die
gantz dicke des Racketenstocks. So
denn solch loch hindurch gedrehet /
als

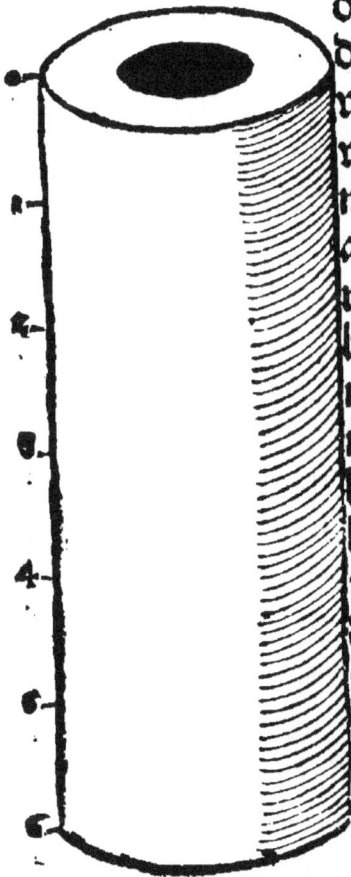

als denn nimme
mit einem zirckel
die gantze weyte
des lochs/welche
weyte genandt
wirdt der Dia-
meter / vnd fahe
an einem ort des
rund gedreheten
holtz / auß wēdig
mit dem zirckel
nach der leng des
holtz sechs theyl
hinab zumessen/
vnd in außgang
des sechsten teils/
stich einen pun-
cten/vnd laß inn
solchem puncten
das holtz ebē hin-
durch ab drehen/
auf solchs besihe

B v   hie

hie obgeſetzte figur. Nachmals laß dir
an gemeltem ſtock zu vnterſt eine abſatz eines halben zwerchfingers hoch/
auch das ſolcher auffs halb theyl der
dicke des ſtocks hinein gedrehet ſeye/
vnnd zwey zepfflein daran/damit es
ſich/ſo das vnter theyl daran kompt/
wie denn folgen wird/ſich ſatt in einander ſchlieſſe/wie denn die Drechſ-
ler die ſtrewbüchſen alſo verſchlieſ-
ſen. Als denn ſo laß dir drehen/ein ander ſinwellholtz/ein wenig dicker denn
der ſtock/ſolle auch anderthalb vberzwerch finger lang ſein / An ſolchem
holtz laß dir ein abſatz an einen ort gerad hinab drehen/der mitte zu/ Vnnd
ſolcher abſatz ſolle ſein / dreyer zimlicher meſſerrucken weyt / vnnd ſolle
auch gerad hinab gedrehet werden/
das es allein zumitt ein zepfflein ge-
wint/welches zepfflein eben die dick
des ſtöſſels/ ſo in den Racketenſtock
gehört/ſoll haben. Nun aber ich dich
noch

noch nit gelert habe/ den stössel/auch
wie dick er sein solle/darein zumachē/
Derhalb solt du hindersich gehn/vnd
die theylung des stössels besehen/vnd
von solcher theylung / gerad die dick
mit einem zirckel nemen / vnnd nach
desselbigen zirckel weit/ das zepfflein
gantz eben inn derselbigen dick drehen
lassen/ Vnnd solches solle zu förderst
rund abgedrehet werden/vnd dreyer
messerrucken lang sein/wie dēn oben
gemelt ist.Solchs klerlicher zu mer-
cken/besihe diese figur. So denn solches also gemacht ist / als denn so laß
dir vmb das zepfflein herumb ein
schloß einwerts hinein drehen/damit
sich beyde stück in einander gantz satt
beschliessen/so sie in einander vñgetri
ben werden/gleich wie die streich oder
sandbüchsen/welchs dēn den drechß=
lern wol wissend ist / Auch solle das
zepfflein vnterhalb seiner angezeyg-
ten

ten leng) verstehe inwendig inn dem
süßlein (eins zimlichen messerrucken
dicker sein/vñ also ein absetzlein han/
vnd so deñ dise zwey stück also gentzlich zugericht sein / vnd sich gantz satt
also inn einander schliessen / als denn
sindt sie fertig. Auch must du haben
einen stössel darinn/nemlich auff diese
form: Nim ein Pirbeum holtz/vnnd
laß dir einen stössel darauß drehen/
auff folgende weyß. Nim erstlich die
weyte des lochs im Racketenstock/
welches genant wird der Diameter/
mit einem zirckel auff das aller fleys-
sigest/vnnd trag solches auff ein glat
gehobelt bret oder tisch/vnd theil solche weyte auffs aller fleyssigest in sieben gleich theil/So solches beschehen/
nimme mit dem zirckel solcher theyl
gerad fünff / vnnd dieselbig dick solle
der stössel gantz gerecht durchauf biß
an die handheb haben / auff das aller
                          geleichest/

geleicheſt / denn die andern zwen vb-
rigen teil/die dicke des papiers bedeu-
ten/in den gemachten Racketen/wie
du denn in beſchreibung ſolcher/ſehen
wirſt. Vnd die leng ſolchs ſtöſſels ſoll
ſein alſo: Wenn du den ſtöſſel inn das
obertheil des ſtocks hinein fallen leſt/
biß an die handheb/ als denn ſoll ſolcher einen halben zwerchfinger für-
gehen. Den ſtil ſolches ſtöſſels mache
auff vier vberzwerch finger lang/In
der dicke aber / wie er dir denn in deiner hand am füglichſten iſt/ So ſolcher auch gemacht / als denn iſt der
gantz Racketenſtock fertig. Vnd zu
beſſerm verſtand beſihe nachfolgende figuren.

Weyter

DISS ALLES IST VERIVRGT SOLDERERSCHEN
VIGVR GELEICH SEININ DEL PROPORTZ

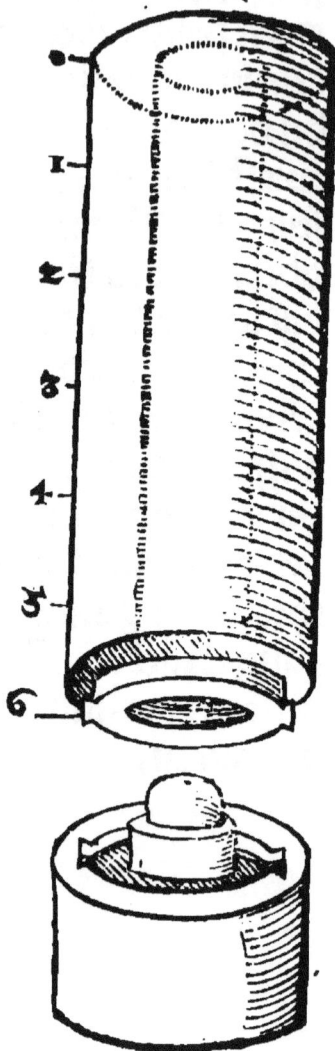

STŌSSEL

Weiter so ist von nöten/das du ha=
best auch grössere Racketenstöck/ zu
den fewrwercken gantz gebreüchlich.
Wil aber ich dir die bequemest größ
vnd form anzeigen / welchs denn dir
in andern Fewrwercken zu volbrin=
gen/nit ein gerings sein wird/Wie du
den in etlichen nachfolgenden beschrei
bungen hören wirst. Wiß derhalb/
das die grössern/ keiner andern they=
lung/inn allen dingen bedörffen/allein
das sie jrer proportz vnd grösse halb/
dest grössere theyl bekommen/ Doch
hab guten fleyß inn außtheylung der
stöck / vnnd auch der stössel/ sie seyen
groß oder klein/deñ nit wenig an sol=
chem gelegen ist/Die bequemste größ
aber der Racketenstöck/ist dise/nem=
lich/das allweg ein gemachte Racket
inn die andern sein gedrungen hinein
geschoben werde/welchs aufs gewiß=
sest zuwegen gebracht mag werdē/in
fleis=

fleyſſiger abtheilung der weyte/wel-
ches genant wirdt der Diameter des
lochs im kleinen Racketenſtock/vnd
nach ſolcher weyte/einen ſtöſſel laſſen
drehen / welcher als denn die rechte
gröſſe des anderen Racketenſtocks
haben wirdt/Vnd ſo du die dicke des
ſtöſſels gantz gewiß auff ein glatten
tiſch auffgetragen haſt/als denn theil
ſolche weyt in fünff gleicher theil/vnd
nimme denn die weyt zweyer ſolcher theyl/die addier zu obgemelten
fünff theylen/ſo werdens ſieben/ſol-
ches iſt denn die weyt des lochs im
andern Racketenſtock. Solche außtheylung verſtehe auch vom dritten
ſtock/allein das ſolcher auß dem loch
des andern ſtocks getheylt ſolle wer-
den/Solches auch/verſtehe von andern gröſſern ſtöcken/ſo weyt denn
die größ leyden mag / Die leng aber
eines jeglichen ſtocks vnnd ſtöſſels/
wirſt

wirst du leichtlich auß der weyte des
selbigen Stocks durchgedreten lochs
zuwegen bringen / nach vorgemelter
weyß des kleinen stocks / vnd solcher
stöck solt du drey haben/das auch allweg die gemachten Racketen/sein ge
drungen in einander gehen/ Als nem-
lich/die kleinest inn die mittel/ vnd die
mittel sampt der kleinen darinn/in die
dritten Racket. Wenn du denn also
diesen teilungen fleyssig nachkompst/
so werdens wie gemelt/sich selbs inn
einander schicken.

Also hast du auffs aller fleyssigst
beschrieben / vnnd auch die außtheylung der Racketenstöck/ daran denn
vil gelegen ist/denn zu viererley fewrwerck die Racketen gebraucht werden / wie du denn nachgehents sehen
wirst.

          C   Wie

Wie du solt ma=
chen gar schöne Racketen/
die da von jhnen selbs eben hinauff in
die höch faren/oder auff ebner erd
hin vnd wider lauffen/vnd zu letzt
einen schuß thun.

ERstlich ist von nöten / das solch
papier/darauß die Racketen ge=
macht müssen werden / zwifach
auff einander geleimbt werde / vnnd
mit flacher hand gantz glat auff ein=
ander gestrichen/ Darnach wol tru=
cken lassen werden/so solches gesche=
hen/als denn nimme das oberteil des
Racketenstocks/ in welchen du denn
Racketen machen wilt / vnnd leg es
auff ein ort des geleimbten papiers/
vnd nach der höhe solchs stocks/solle
das papier gerad hinauß inn gleicher
höhe geschnitten werden/Solchs pa=
piers schneid so vil du den Rackete ha
ben

den wilt/nach jetzt gemelter höhe/Als
den nimm der papier eins/vnd mach es
mit der zungen ein wenig feucht/auff
beiden seiten hinauß nach der leng/an
dem ort da die Racket den halß be=
kompt/aber nit naß/auch sol es nicht
breyter feucht gemacht werden/denn
allein so weit das helßle geht/auch nit
zu förderst am ort/Denn solchs allein
darumb geschicht/das sich die helßlin
der Racketen dest gerner zusamen zie
hen lassen/vñ so viel dest weniger ab=
springen im zusammen ziehen/wie du
den nachgehents hören wirst. Nach=
mals nimm den stössel/vñ solcher papir
eins auff den stössel gewunden/vñ in
der hand vmbgedreht/biß es auff das
aller settest auff einander anlige/vnd
sich mit dem stössel nit baß lest anzie=
hen/Auch sol es gantz gerad auff den
stössel auffgewunden werden/dz das
papier vnten vnnd oben gantz gleich
                    C ij   seye

seye/vnd kein fach papier für das ander gehe/auch solle das gefeuchtet teil
im auffwickeln vornen an stößel ko-
men/so solchs auch beschehen/halt also das vmbgewickelt papier sat auff
dem stößel auff einander/vnd scheub
es oben in stock hinein / vnnd so des
vmbgewickelten papiers zu viel we-
re/das es nicht in stock hinein geschoben möchte werden/ als denn so reiß
dauon/ so vil biß es gantz gedrungen
hinein gehet/ doch solt du im allweg
sehen/das du es auff dem stößel nicht
von einander lassest gehn/biß es hinein geschoben wird/So denn solches
also gedrungen hinein geriben ist/den
so du es eben hinein stossen woltest/
würde solches nicht gut thun/sonder
jmmerzu im hinein schieben / vmbge-
wandt muß werden / wie denn die
vbung dir solches wirdt anzeygen.
Solch papier laß vngeseht eines halben

ben zwerg fingers breyt vnten am
ſtock fúrauß gehen/Oder ſo die Racketen groß weren / laſſe es ein wenig lenger fúrauß gehen / vnnd den
ſtóſſel darúber das papier gewickelt/
zeuch in ſtock hinein/das er dem ſtock
gleich gehe/ vnnd nichts deſt weniger
das papier / wie oben gemelt/ vnten
am ſtock fúrgehe. Auch ſo mercke/
wenn du den ſtóſſel hinderſich ziehen
wilt/ oder gar herauß/vnd das dennoch das papier nit hernach gehe / ſo
treib den ſtóſſel auff die lincke ſeydt
herumb/ſo ſteht das papier ſtill/Wilt
du aber das es ſich am ſtóſſel anziehe/
auff das dn es mógeſt herauß thun/
ſo es fertig iſt (verſtehe lere Racketen)ſo treib den ſtóſſel auff die rechten ſeyten / So es ſich aber dennoch
nit anziehen wolt lon/zeuch den ſtóſſel herauß/ vnnd mach jhn im mund
gar ein wenig feucht/als denn magſt

C iij   du

du es im ſtock vmbwenden oder her=
auß ziehen.Nu/ſo ſolcher ſtöſſel dem
Racketenſtock vnten gleich iſt/vnnd
das papier nichts deſt weniger eines
zwerchenfingers breyt fürauß gehet/
Als denn nim̄ eine ſeyten in der gröſ
wie ſie die Hüter brauchen / zu den
groſſen / Zun kleinen aber / eine die
was kleiner iſt/Solche ſeyt ſol zwey=
er ſpann lang ſein/vnd inn beyden or=
ten geknüpffte ſchlingen haben / wie
deñ hieneben geſetzte figur auß weiſt.
Nachmals nim̄ ein gürtel/vnd ſtreiff
die ſeit mit der einen ſchlingen daran/
vnnd gürte die gürtel vmb dich / das
die ſeyt fornen ſey / als denn muſt du
haben ein zimlich ſtarcke ſchrauben/
auff dieſe form vnnd figur / Solche
ſchraub ſchraube in ein wand/inn der
höhe biß zu der gürtel/vnd denn nim̄
den Racketenſtock mit fürgehendem
papier in die recht hand/vñ ſchlag die

C iiij ſeyt

seyt vnten zu nechſt am ſtock vmb
das papier/ das die ſeyt den ſtock an=
rdre/ vnnd der ſeyt hart an einander
herumb gehe/ als denn halt die ſeyten
alſo/ vnnd thue die andern ſchling an
obgemelte eingeſchraubte ſchraub/ als
denn nimme das vntertheyl des Ra=
cketen ſtocks/ inn die lincke hand/ vnd
hebe das zepfflein inn das fürgehende
papier hinein/ biß an den abſatz / So
du denn alſo das ober vnd vntertheil
des ſtocks gegen einander alſo hal=
teſt/ mit ſampt den vmbgeſchlagnen
ſeyten/ am fürgehenden papier/ als
denn zeuhe mit dem leyb ſolche ſeyten
gantz wol an/ das die Racket ein fei=
nes helßlein bekomme/ vnd das helß=
lein ſo genach mit der ſeyten zuſam=
men gezogen werd/ das allein ein zim
liche nehnadel hindurch gehe / Auch
merck inn alweg das das helßlein ge=
rad zumitt des Racketleins ſeye/ vnd
so

ſo ſich das helßlein inn anziehung der
ſeyten/nicht gantz gerad inn die mitte
wolte ſchicken/als denn muſt du ſolches fürkomen / mit ein wenig vmb-
wendung des Racketenſtocks/ doch
ſo du alſo den ſtock wendeſt/muſt du
der ſeyten ein wenig nachlaſſen / biß
es gewend iſt/deñ es ſonſt gantz leicht
lich das helßlein des Racketleins ab-
ſchneyt/im zuſammen ziehen/So es
denn als obgemeldet/gnugſam zuge-
zogen iſt / als denn ſo ſteheſt du alſo
mit ſampt dem Racketenſtock/ wie
dann dieſe Figur klerlich außweyſt/
Vnd damit du alle meine beſchreibun
gen deſter baß verſtehen mögeſt/hab
ich dir allenthalben die figuren artlich
dargeſtellet.

C v Nüſt

Nun denn einen starcken zwirnfa=
den/ zu den kleinen Racketen/zu den
grossen aber ein bindfaden/vnnd thu
die angezogenen seyten eylends her=
ab / schlag denn den faden oder bind=
garn im helßlein vier oder fünff mal
herumb/gantz hart angezogen/vnnd
verknüpff es denn gantz wol / das es
nit möge auffgehn/Solchs binden sol
le von stundan nach herab gethaner
seyten geschehen/ deñ es sonst wider=
umb auffgeht/Als denn den faden o=
berhalb des knopffs abgeschnitten/
vnnd die Racket mit dem stössel inn
den stock gar hinein gezogen / das du
das vntertheyl des stocks fürreyben
magst/Nachmals setz den stock auff/
vnd schlag mit einem darzu gemach=
ten schlegelein /des form du hernach
sehen wirst / vier oder fünff zimli=
cher streychlein auff den stössel / doch
das als damit der stössel ihm stock
vmb=

vmbgetriben werde/damit das helfflein sampt dem anzündloch) ein gute
form bekoñ/Auch hab allweg ach-
tung/ehe vnd du auff den stössel schla
gest/das er zuuor auffstehe/nemlich
am geknüpfften Racketenhelflein/
denn sich sonst das innerteyl auff einander hinab streifft welches so es ge-
schicht/nichts rechts du damit auß-
richten magst.Als deñ zeuhe den stössel sampt der Racketen herauß/vnd
nachmals auch) den stössel auß der
Racketen/Vnd denn nimme ein spi-
tzigen pfriem/vnnd mache das zündloch zumit/im helflein damit weiter/
mit vmbdrehung des pfriems/das es
gantz glatt werde/Auch sol das löchlein innwendig auß dem Racketlein
herauß/mit dem pfriem geweytert
werden/Aber die rechte weyte des
zündlöchleins ist/das du magst einen
spindelspitz/vngefehr eines vberzwer
chen

chen fingers breyt / durch jetzt gemel=
tes löchlein bringen (Solchs verstehe
von den kleinen Racketen / Denn inn
den grossen must du dem augenmaß
nachfaren / vnd solche löchlein weyter
machen / wie dich denn die vbung am
besten wirdt vnterrichten) So sol=
ches alles beschehen / vnd obgeschrieb=
nem allem gantz fleissig bist nachkom
men / als denn sind die leren Racketen
fertig / auff solchs hast du hie ein form
des schlegeleins / damit sie gefült wer=
den / vnd auch ein form der leren Ra=
cketen.

Nun

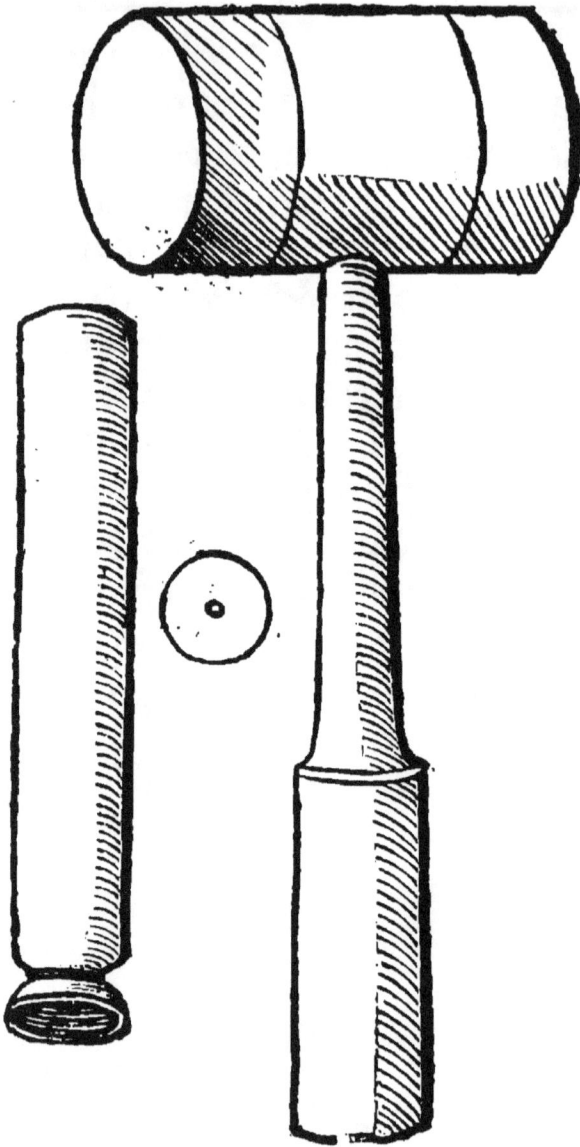

Nun folget der zeug damit
sie gefüllet müssen werden/
solchen mache also.

Im erstlich gut gekörnt schießpuluer ein halb pfund / mehr ein
halb pfund Cartaunen puluer/
solches gibt den besten zeug darzu/
Oder aber mach diesen zeug der ob-
gemeltem gleich ist : Nim gut schießpuluer ein pfund / Schwebel zwey
loth / Vnter diesen zweyen zeugen
mache welchen du wilt / Doch mercke / das solche stück zuuor auff das
reinest gestossen sollen sein/vnd durch
ein gantz enges sieblein gereden sollen
werden / ehe vnnd sie abgewegen
werden / So solches geschehen / we-
ge es gerecht ab / vnd mische es gantz
wol durch einander . Nachmals
nimme der leren Racketlein eines /
vnd scheube es in den Stock/das es

auff

auff dem vntertheyl auffstehe/vnnd
das vntertheyl des stocks solle fürge-
riben sein / Als denn nimme ein mes-
ser/ vnd stoß es den breyten weg inn
zeug/zweyer fingerlang hinein/vnnd
was für zeug darauff bleibt/den thu
in das Racketlein/ vnd deñ das stöß-
lein fein sehnlich auff den zeug ins
Racketlein geschoben / das sich das
papier nicht damit hinab streyffe/
Darnach mit obgemelten Schlegelein vier oder fünff zimlicher harter
streichlein darauff gethan / das sich
solcher zeug gar fest auff einander
setze/ Vnd also/wie gesagt/ auff jetzt
gemelte weyß das Racketlein durch
auff gefült/doch allweg auff ein mal/
nicht mehr des zeugs hinein gethan/
denn wie gemelt ist/vnd allweg auff
das festest auffeinander gesetzt wer-
be durchauff/ das allein eines vberzwerchen daumes breyt das Racketlein

cketlein vngefült bleibe/Als denn laß
dir einen Drechßler von hartem holtz
etlich runde scheyben drehen/die gantz
eben in der runde seyen / wie das loch
im Racketlein ist/vnd in der dick sollen sie eines messerrsrücken dick sein/
auch zumitt ein durchgehend löchlein
haben/inn größ eines zündlochs einer
büchß. Solches besser zu verstehen/
hast du gemeltes scheyblein ein figur.
Vnnd solche scheyblein werden von
den Fewrwerckern genant Schleg/
Solcher schleg nim denn einen/vnnd
thu jhn oben ins Racketlein hinein/
auff den zeug/Vnnd so er den breiten
weg auff dem zeug auff ligt/als denn
den stößel genommen/vnd ein wenig
darauff geschlagen / das er auff dem
zeug wol anlige/Nachmals nimme
gut gekörnt schießpuluer / vnnd fülle
solch Racketlein damit vol zu / truck
es auch mit dem stößel gar ein wenig

D   auff

auffeinander / doch laß beuor das es
vngefehr vier messerrücken hoch o-
ben auß vngefült bleybe/damit du es
beschliessen magst/vnnd denn mit einem messer die fach des Racketleins
oben hinein gedruckt/vnnd das stöf-
lein darauff gesetzt/ auch darauff ge-
schlagen/vnnd also gantz beheb vnnd
wol vermacht. Nachgehends von einem ebnen dürren tennen pfal/so sich
gantz gerad hinauß spalten lest/wol
proportionierte rütlein machest/for-
nen hinauß je lenger je baß zugespitzt/
solcher rütlein sol allweg eins vngefehr sibenmal so lang sein als das Ra
cketlein ist/vñ wie dick solchs sein sol/
wird dir anzeygen/so du es auff eim
finger oder messerruck abwigst/wie
denn folgen wird/allein obseruier die
leng / das solche gentzlich bleib/Nun/
so solche rütlein gemacht sein/als deñ
bind mit einem bindfaden die Racke
ten

ten an/auff diese form/ Nemlich/das
das dicker theil des rüthleins zumitt
am Racketlein auffhöre/ vnnd das
zündloch gegen dem spitz herab sehe/
auch gantz steiff angebunden / damit
es nicht hin oder her möge wacklen/
Nachmals/das rüthlein sampt ange-
bundnem Racketlein/auff einen finger oder messerrücken gelegt/vnd also abgewegen gleich vnter dem zündloch am rütlein / Vnd so es denn also
gerad in der wag ligt/so hat das rütlein die rechte schwere. Doch so es zu
schwer nachmals were / als dann
schneyd allein von der dick/ damit es
in alle weg sein rechte leng behalt. So
denn solches alles auff das fleyssigest
gemacht / gefüllt / angebunden/vnnd
abgewegen ist / Als denn hast du die
beste fliegende / auch hin vnd wider-
farende Racketen/so man haben vnd
machen mag.

D ij   So

So du nun wilt/das sie gerad in
die höhe faren/nim̃ obgemelts zeugs/
vnd truck das zündloch solchs zeugs
vol/damit er nicht herauß möge fal-
len/vnnd hencke die Racketen gerad
vbersich/oder auff ein seyt/nach dem
du denn wilt das es hinfare / Doch
das es nichts jtze vbersich zu kom-
men/ Denn zünds an/laß faren. Sihe
auch das in anzündung/solches nicht
herab falle. Oder so du wilt/das solche auff ebener erde gantz artlich hin
vnnd wider lauffen / Zu solchem bedarffst du keines angebundenen rüt-
leins/sonder allein mit dem zeug eingereumbt vnd angezündt/Kere fleiß
an in machung vnnd füllung solcher/
denn gar viel an solchen gelegen ist/
Auch zu dem mehrer theyl schimpffli-
cher Fewerwerck / solche gebraucht
müssen werden/wie du denn inn den
beschreibungen sehen wirst/Auch auf
was

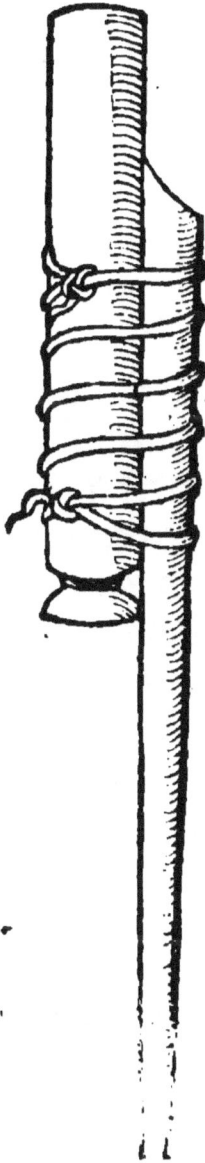

was andere ma=
nieren solche Ra=
cketen gemachet
mögen werden/
wirdt in nachge=
henden beschrei=
bungen folgen.
Damit du aber
solchs alles desster
baß verstehn mö
gest / hast du hie=
bey ein form der
fliegenden Ra=
cketlin mit sampt
dem angebunde=
nen rütlein.

D iij   Wie

Wie vorgehende

fliegende Racketen zu zu-
richten sein/ auff das/so sie in die höhe kommen/zween oder
drey schleg thun.

Erstlich ist von nöten/das du habest drey Racketenstöck / da allweg einer grösser denn der ander
sey/das je ein Racket in die ander gedrungen hinein gehe / als nemlich/das
kleinest in das mittel/vnd das mittel
sampt dem kleinen darin inn das grö-
ste/Vnd wie du solche stöck auff they-
len / auch die Racketen machen solt/
bist du inn vorgehenden beschreibungen vnterricht worden. Solcher Racketen mache drey/in jedem stock eine/
So du nun solche hast/als denn nim
die grösseft vnd fülle sie im stock/auff
die

die weyß/wie man sie denn pflegt zu
füllen / mit Racketenzeug/doch nicht
höher denn zweyer vberzwerchfin-
ger hoch / vnnd denn so mach einen
schlag drauff/nach aufweysung/wie
du denn inn beschreibung der Racketen vnterricht bist worden/ So solches geschehen/nimme die mittel Ra-
cket/vnd fülle sie auch/doch allein an-
derthalben finger hoch/vñ nachmals
auch einen schlag darauff gemacht/
So denn dieses auch geschehen / als
deñ nimme das klein Racketlein/vñd
füll es allein eines zwergfingers hoch/
oder so fern es denn leiden mag/denn
sie oben alle gleich sollen sein/vnd keines für das ander gehen / auch einen
schlag darauff gemacht / vnnd denn
solch klein Racketlein oben nach art
der Racketen beschlossen / Auch sihe
dz solche gantz fleyssig gefült/auch die
schleg artlich hinein gemacht werden/
D iiij So

So denn solches alles geschehen/ als
denn nimb Racketenzeug/ vnd tru-
cke die zindlöcher der Racketen hart
vol/das es nicht herausser möge fal-
len/vnd deñ so scheub das klein in das
mittel/vnnd hab acht das oben keins
für das ander gehe/ sonder gleich sey-
en / auch das es auff dein schlag satt
anstehe / Vnnd so es zu lang / das es
werde oben abgeschnittē/ Nachmals
vberleim sie oben mit papier/vñ so es
trucken ist/so scheub beyde inn einander geschobne Racketen in die grösser
Racket hinein/auch das sie sat in einander auffstehen/vnnd oben alle einander gleich gehen/ Als denn alle drey
oben mit papier vberleimbt / Auch so
leim ein spitzlein von papier von bes-
serer form wegen darauff. Solches
alles hastu auff das artlichst in figuren hie fürgestelt/ auff das du es auff
das aller best verstehen mögest.
Wells

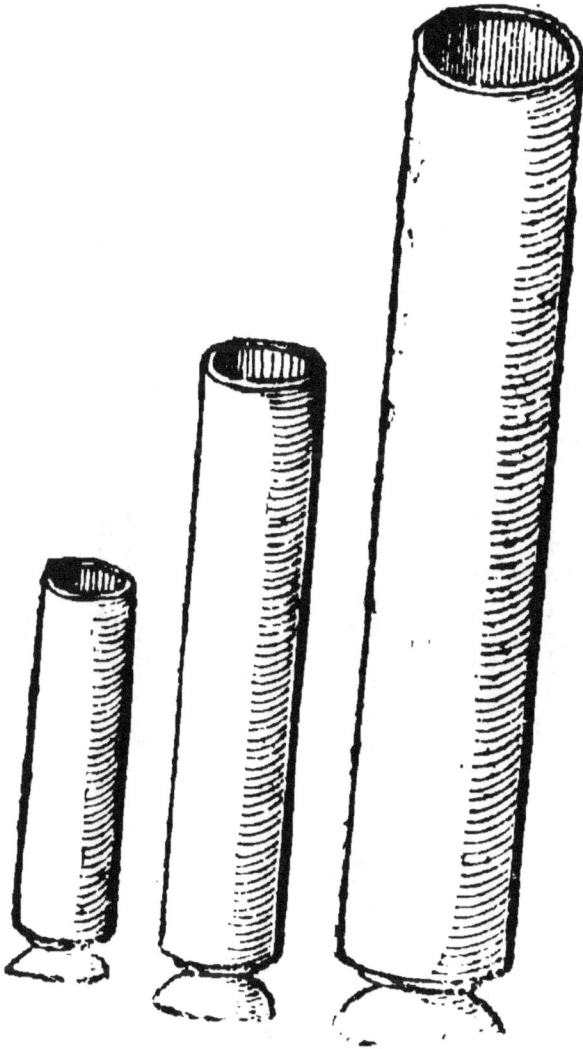

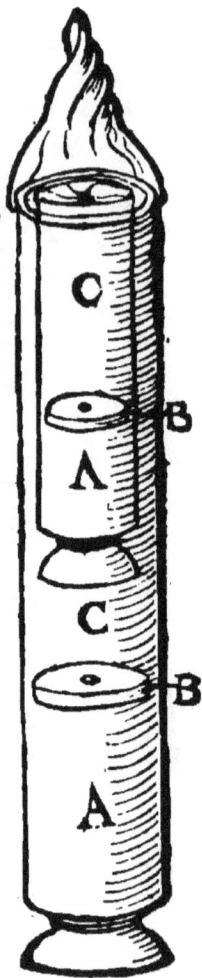

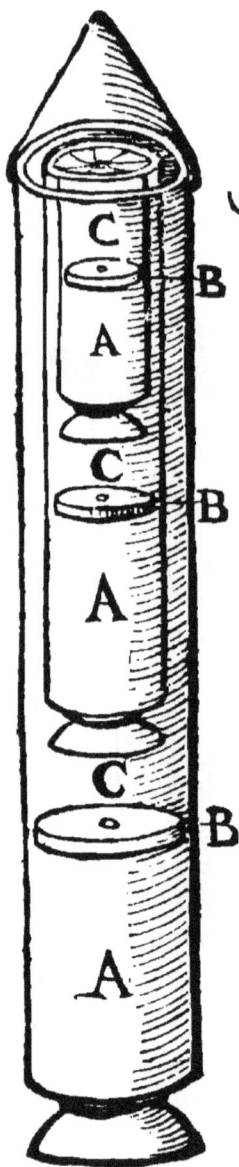

Wens müglich were/das du nach
dem sie auffgemacht sindt / inwendig
solche sehen möchtest / hetten sie gegenwertige form vnd ansehen.

Wie du die spacia der buch-
staben verstehen solt/in vorgehenden figuren.

Das spacium A bedeut / das es
also hoch mit dem Racketenzeug/ein
jede Racket gefült solle werden.

Diß scheyblein B mit dem löchlein / sindt die hültzen schleg auff dem
zeug.

Das spacium C darob/ist da das
gekörnt puluer solle sein/den schlag zu
volnbringen.

Oben auff dem buchstab D/be-
deut den spitz vom papier auff dem
Racket.

Also verstehe es inn allen dreyen
Racketen.

So

So nu solches alles beschehen/als
denn ist die Racket fertig. Nachmals
bind sie auch an ein ruth. Die leng solcher ruth/ auch wie du es solt anbin-
den/bistu vnterricht worden in voz-
gehenden Rackete beschreibung. Die
dicke des rüthleins/wirst du auß dem
augenmaß der leng können machen/
allein merck das sich solch rüthlein/
auch alle andere rütlein an fliegenden
Racketen / sein proportionaliter sich
jmmerzu verlieren / biß sie gentzlich
zugespitzt werden/Aber in allweg die
rechte leng behalten / Als denn einge-
reumbt/angehenckt/vnd angezindt/
denn wirst du nach deim begeren lust
sehen. Auch magst du/ so du wilt/al-
lein von zweyen Racketen also ma-
chen/welchs allein zwen schlege thut/
Solchs alles stehet zu deim gefallen/
Kere fleiß an in diesem vnd andern/
von mehrer lust wegen.

Wie

Wie die gemey=
nen Racketen auch gema-
chet mögen werden/das sie an schnd-
ren/Und so du wilt/widerumb
hindersich zu rück lauffen.

ERstlich nimm der mittlen Racketen eine/ vnd fülle sie auff das hal
be theyl mit gewönlichem zeug/
Auch das sie gefüllt werde nach art
der Racketen/Doch bedarffst du keinen schlag von gekörntem puluer/wie
in andern Racketen / darein machen/
sondern allein wie gemelt / Als denn
laß dir einen hülgen schlag drehen /
noch so dick als die gemeynen sindt/
Wie du deñ solche machen sollest las-
sen/ bist du zuuor vnterricht / Doch
merck/das solcher schlag zumit keines
löchleins bedarff / sondern gantz sein
solle

solle / auch fein satt auff dein zeug
deßgleichen im Racket herumb be=
heb anlige / Vnd im hinein thun/inne
ein wenig mit verlassenem leym be=
streychen/Vnnd so er darum also ist/
als den zwen oder drey tropffen ver=
lassens leimbs auff den schlag hinein
fallen lassen/damit es gentzlich vnter=
macht vnd verleimbt werde. Nach=
mals wol trucken lassen werden/ als
denn verzeichne auß wendig am Ra=
cket / inn welchem ort eygentlich der
schlag sey/Denn dir solches zu wissen
von nöten wirdt sein / wie du denn
nachfolgends hören wirst/Vnd denn
mit gemeynem Racketenzeug durch=
auff gefült / das es allein eines zimli=
chen kleinen fingers breyt (verstehe
nach der vberzwerch) vngefült blei=
be.Nachmals einen gewönlichen höl=
tzen schlag mit ein löchlein oben auff
den zeug hinein gesetzt / vnnd die fach
des

des papiers oben am Racket/ mit einem meſſer hinein gedꝛuckt/ auff den
ſchlag/ doch das das löchlein im ſchlag
damit nicht bedeckt werde / Vnnd
denn mit dem ſtöſſel ſolche ſach wol
auffeinander geſchlagen / Wie man
denn pflegt die Racketen zubeſchlieſ-
ſen. Auch ſihe / das es alſo wol ver-
ſchloſſen werde/ denn wo ſolches nit
geſchicht/ möcht es leychtlich den föꝛ-
dern ſchlag berauſſer ſtoſſen: So es
denn alſo fleiſſig gefült/ auch den gantzen ſchlag in der mit hinein geleumbt
woꝛden iſt / vnnd zu föꝛderſt der gelöchert ſchlag gantz wol daꝛein vermacht iſt / Als denn nimme die Racket / vnnd habe eygentlichen acht
auff die verzeychnuß des mittlern
ſchlags auſwendig am Racket / wie
du denn zuuoꝛ vnterricht biſt. Als
denn nim̄ einen ſpitzigen pfriem vnnd
ſtiche

stiche ein zimlich löchlein/gerad neben
dem mittlen schlag inn die Racket/
Vnd solch löchlein solle innerhalb des
gefülten halben teils/daran das recht
gebunden zündloch ist/ sein. Als denn
nimme ein spitzig schreibmesser/vnnd
stosse den spitz solches messers in das
gemacht löchlein/ vnd fasse allein ein
fach papier / mit vbersich gerichter
schneid des schreibmessers/ vnnd fare
also mit dem spitz durchauß/biß zum
ende der Racketen / mit auffschney=
dung durchauß des öbern fachs des
papiers/Vnd solle auff die seiten hin=
auß geschnitten werden / da denn zu
förderst der schlag eingemacht ist/ Sol
ches alles wirst du am besten in dieser
figur mercken vnd verstehen.

Wie

EIN RACKET DER HIN VND WIDER HER FERD.

Wie du diese
Form verste-hen solt.

A bedeut den mitlen vngelöch-erten schlag / da-mit die Racket inwendig vnter-macht ist.

B bedeut das obertheyl/ da der gelöchert schlag hinein vermacht solle werden.

C bedeut das hinein gestochen löchlein / da das Fewer herausser lauffen muß ins fenerlein.

D die lini be-
Æ   deut

deut das kenerlein/darinn das fewer
hinauff lauffen muß / die Racket am
andern ort anzuzünden / so das halb
theyl verbrunnen ist. Nachmals nim̃
ein wenig gestoffen puluer vnd geuß
brandten Wein daran/ so viel das es
sich lasse zu einem teyglein machen/
Nim̃ denn solch teyglein / vnd streich
das kenerlein sampt dem löchlin auß=
wendig auff dem Racket wol vol/
vnd das auffgeschnitten papier wi=
derumb ein wenig hinzu gedruckt/
damit solches dester weniger möge
herauß fallen/Als denn mache ein ge=
leimbts heublein von papier / das
gantz gerecht auff die Racketen sey/
vnnd satt anlige / Welches sich so es

gemacht ist / einem de=
ckelein eines Triacks=
buchßlein vergleichen
wirdt / Welches form
du hie hast. Als denn
nim̃

nim Racketenzeug/vnd'truck oben
auff den eingebundnen schlag solches
zeugs/das es darauff bleibe/auch thu
solches zeugs ein wenig in das decke=
lein der Racketen/vñ drucke die Ra=
cketen darein/das sie auf dem zeug/so
im decklein satt auffstehe/Bestreyche
auch die Racket mit einem zerlaßnen
leim vnter dem decklein/doch das der
eingereumbt zeug nicht feucht dauon
werde/vnd solcher auch nit möge hin
vnd wider fallen/sonder alles sat auf
einander auffstehe/Sihe auch das du
mit dem leim das kenerlein auff der
Racketen nit verstreichest/damit das
fewr vnter dem decklein hinein möge
lauffen/So solchs auch geschehe/nim
ein stück von einem Seerhor/zweyer
finger kürtzer deñ die Racket ist/vnd
bind solch rhor zumitt auff die Ra=
cket/vnd das es allein an beiden seiten
angebunden werde/auch sihe dz solch

rörlein neben dem kenerlin seye/Mer-
cke auch / das das rörlein an dem ort
da das kenerlin hinauß gehet/ mit ei=
nem ſubtilen dretlein an ſtat des fa=
dens gebunden werden ſolle. Vrſach/
ſo das fewer darauff hinumb laufft/
das es ſich nit abbrenne / aber an der
anderen ſeyten / ſolches vnnötig iſt.
Doch habe acht / das dennoch das
fewer im kenerlein vnuerhindert des
dretleins möge darunter hinumb
lauffen. Nachmals das zündloch vol
zeugs gedruckt / vnd denn ein ſchnur
nach deinem begeren / von einem ort
zum andern geſpannen / vnnd ſolche
ſchnur durch das rhor gezogen/Alſo/
das die Racket mit dem helßlein von
dem ort/dahin du es deñ haben wilt/
gekert werde/Als denn zünd es an/ſo
wirdt es ſich nach deim begeren vol-
lenden.

Auch magſt du ſo du wilt/gemein
geſült

gefůlt Racketen / also mit angebun=
denem Rhor an schnůren lauffen laf=
fen/Doch das solche keinen schlag ha=
ben/mit welchen du denn fewrwerck
von fernem magst anzůnden/als stö=
cke oder andere Fewrwerck. So du
sie denn wie gemelt / brauchen wilt/
laß sie / da sie denn gewönlichen be=
schlossen werden/ein klein wenig of=
fen stehen / damit / so es an das ort
kompt/da es deñ solle anzůnden/hin=
den herauß möge anzůnden / Dem
Fewrwerck aber/ biß behůlfflich am
ort/da es denn solle angezůndet wer=
den / mit eim wenig zerribenem pul=
uer/damit es nicht fehl gehe.

Weiters magst du auff ein ande=
re form zuwegen bringen (verstehe/
die herwiderfarende Racketen) nem
lich von zweyen Racketen / die allein
vom gebreuchlichen zeug durchauß
one schleg gefůlt sein / nim deñ solche/

E iij   vnd

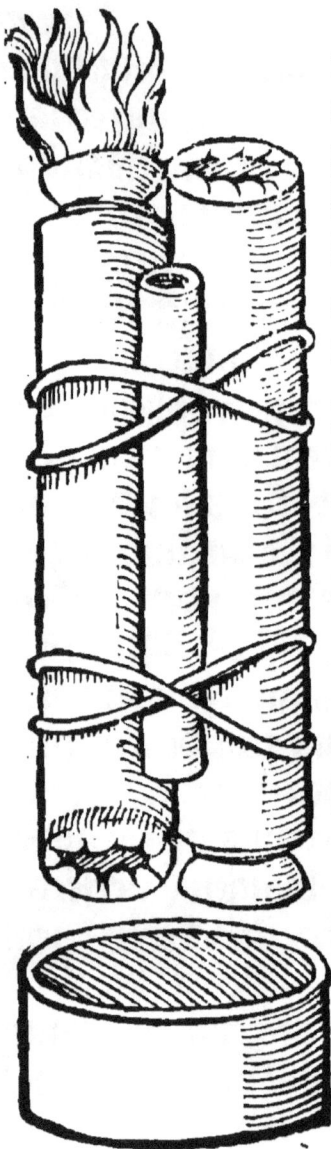

vnnd mit ſampt
einem ſeerhoꝛ zu
ſammen gebun=
den/alſo/ das nit
beyde zündlöcher
auff eine ſeyten
kommen/vnd die
racket ſo du erſt=
lich anzündſt/ſoll
oben nit beſchloſ=
ſen ſein/Als denn
truck mit dem fin
ger oben ein we=
nig zeugs darein/
deſʒgleichē in das
zündloch der an=
dern racket auch
alſo gethan/ vnd
denn ein heublein
am ſelbigen oꝛth
vber beyde Ra=
cketen gemacht/
auch

auch ein wenig zeugſ darein gethan/
vnd alſo an dem einen ort ſolch heub=
lein oder decklein daran geleimt/Wie
du denn auch in nechſt gemelter Ra=
cketen vnterricht biſt/ Als den an die
ſchnur angehengt/ eingereumbt vnd
angezünd/ſo thut ſie gleichs fals wie
die vorgemelt/Aber die vorig iſt künſt
licher/auff ſolches haſt du dieſer auch
ein figur.

E iiij   Wie

Wie du solt ma=
chen ein vmblauffends red=
lein/das sich selbs treibt/so es
wird angezündt.

Achs also : Nimme erstlich ein
leicht holtz/als nemlich/Linden/
auß solchem laß dir einen drechß
ler drehen ein redlein/das da vngefehr
eines schuchs weyt im Diameter sey/
In der dick aber zweyer / zimlicher
zwerchfinger dick / Vnd inn der mitt
soll es herauß gedrehet werden / das
allein zweyer völliger finger das euf
fer teyl am redlein hoch sey/Als denn
laß auß wendig in der mitte hinein dre
hen/also tieff vnnd weyt/ das/wenn
du der mittlen Racketen eine darein
legst/das das ober vnnd vnter theyl
daran / nicht vber die höhe des Red=
leins

leins gehe. Nachmals laß dir auch
vier spaichen/ vnd ein neblein in solch
redlein drehen vnd das neblein sol zumitt ein durchgedrehet loch haben/in
der größ wie ein zimlicher pfriem /
Auch das die spaichen in das neblein
eingezepfft werden/vnd so sie zu lang
weren / sollen sie abgeschnitten wer-
den/auff das sie alle viere fein satt inwendig am redlein anligen/Auch sollen sie oben durch das auffgedrehet
theyl hinein verbort vnnd verleimbt
werden/So du denn solcher auffge-
melter weyß bist nachkommen / als
denn ist das leer redlein fertig.Nach-
mals fülle das redlein auff folgende
weyß. Nun der mittlen Racketen/
vnnd fülle sie (wie du solche machen
vnd füllen solt/bist du in jrer beschreibung vnterricht) mit diesem zeug:
Nun gantz klein zerriben oder gestossen schießpuluer/ein halb pfund/auch

rein geſtoſſens Schwebel zwey loth/
miſch ſolchen zeug gantz wol vnter-
einander/ vnd fülle von ſolchem zeug
der Racketen/ſo viel du denn zu ſolchem redlein bedarffeſt / Denn je eine
zuring im redlein herumb an die ander gehört/wie folgē wird/Auch mercke das ſolche Racketen gantz durchauß mit ſolchem zeug gefüllet ſollen
werden/bedörffen auch keins ſchlags/
Als denn nim̃ ſolcher eine/vnd thu ſie
inn die aufgedrehet höle des redleins/
ṽnnd denn nim̃e pantoffelholtz/wel-
ches die Schuſter brauchen/ſchneyde
ſtücklein darauß/die alſo beheb in das
redlein auff die Racketen gehen/das
die Racketen / ſo ſolche ſtücklein zumitt darauff hinein gedruckt wer-
den/nit mögen herauſſer fallen/Auch
das es an beyden ſeyten deßgleichen
am Racketlein gantz ſatt anlige / vnd
auch oben dem redlein inn der höhe
gleich)

gleich fey/damit das fewr nicht möge
in anzündung eins Racketleins gleich
auch das ander anzünden / Wie dir
die vbung solches besser zu verstehen
wirdt geben/Als denn nun einen gu=
ten zerlaßnen leimb / vnnd leime die
Racketen / Nachmals die stücklein
darauff/auff nachfolgende weyß ein/
Doch zuuor die zündlöcher alle gantz
satt vol zeugs getruckt / damit er nit
möge inn bewegung solches redleins/
herauß fallen / vnnd solle allweg ein
Racket an die ander geruckt werdē/
das eine die ander anrege / vnnd denn
hinein geleimbt / die Racketen sampt
den stücklein darauff zu rings vñ im
redlein/Doch das dise ordnung dariñ
gehalten werd / nemlich das allweg
die Racketen zusamen kommen / an
der einen das vntertheyl / an der an=
dern das obertheil/ Solches wirst du
inn folgender figur klerlicher verste=
hen.

hen. Auch solle die letzt Racketen beschlossen sein nach art der Racketen/
vnd sonst keine / Merck auch das die
erst vnd letzt Racket bey zweyen v-
berzwerch fingern nicht zusammen
gehen sollen/vnd denn solle ein stücklein holtz / das gantz geheb sich zwischen die erst vnd letzt Racket schicke/
hinein geleimbt werden/zu vermey-
den/das die letzt von der ersten zuhin
derst nicht angezündt werde/Vnd so
es sich schickte das die hinder Racket
zu lang were/als denn schneyd sie ab/
damit obgemelte weyt zwischen der
ersten vnd letzten bleybe/Doch auch
wie gemelt widerumb beschlossen
werden / Vnnd so solches alles auffs
fleyssigest gemacht ist/habe ich dir zu
besserm verstand solchs/die nachfolgende figur dargestellet.

So es denn gnugsam getrucknet
ist/als denn schneyd papier nach dicke
des

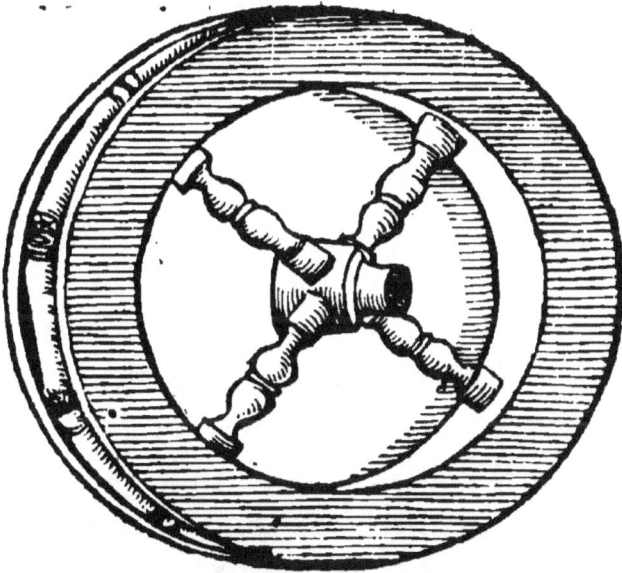

des redleins / vnnd vberleim es oben /
oberhalb der Racketen / das es gerings
vmb / gantz sauber vberleimbt werde /
damit man nicht sehen mög / auff was
form es gefüllet sey / So es denn tru=
cken ist worden / streich es allenthalben
schwartz an / als denn ist gemelts red=
lein gentzlich fertig.

Weyter ist von nöten / das du dir
laffest machen einen eysen nagel / wel=
cher

cher fornen hinauß ein gleiche dick haben sol/biß an den absatz/vnd inn der
leng/das/wen du das neblein des redleins daran stößt/ das er eines vber-
zwerchenfingers breyt fürgehe / vnd
fornen da er fürgehet/soll er ein lang-
werts loch haben / damit wenn das
redlein hinangeschoben wirt/ das du
mögest ein klein eysen speydelein dardurch thun / damit es nicht im vmb-
lauffen heraber möge fallen / Vnnd
hinder dem redlein hinauß soll er einen absatz haben/vnnd vorauß stercker sein. Doch sich gleich widerumb
jnnerzu verlieren / damit er zugespitzt
werde/vnd eingeschlagen möge werden. Auff was form der nagel gemacht soll sein/sampt den speydelein/
magst du hieneben abnemen. Nachmals hefft solchen nagel wol ein/eben
vbersich/oder aber an ein seyten eines
blocks oder pfostens / nach dem du
denn

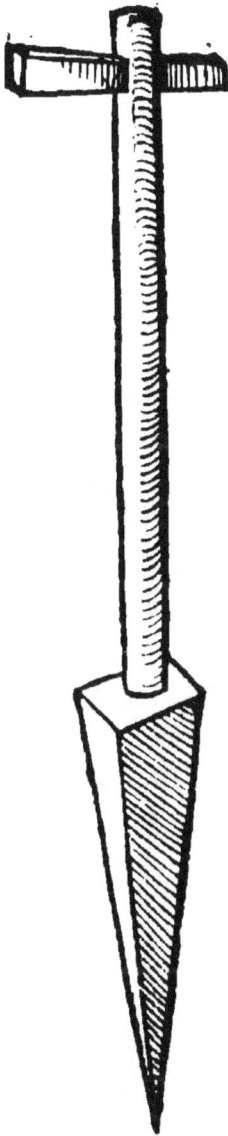

denn wilt haben
das es lauffe / vñ
denn das redlein
daran geschoben /
das speidelein für
gesteckt / deñ reiß
ein wenig papiers
dannē / damit du
es magst anzün=
den fornē bey dem
ersten Racket.
Nachmals zünde
an / vnd laß lauf=
fen / so wirst du
treffenlichē vber=
auß schönen lust
sehen.

Wie

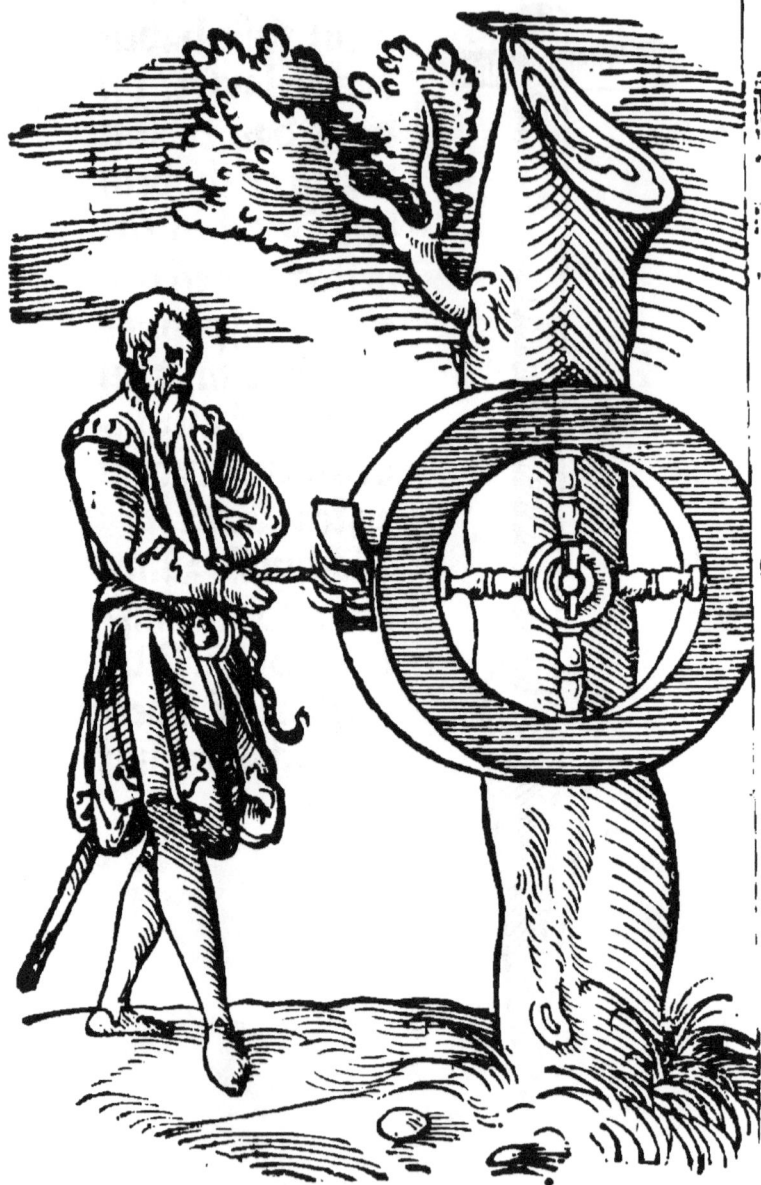

Wie du solt zu-

richten ein vberauß schön
vnd künstlich Fewerwerck / welches
genant wirdt der Stock mit viel
auffarenden fewren/ gantz
lüstig zusehen.

Achs also: Laß dir ein Drechßler von gutem harten holtz/als
Pirbaum oder Ahorn/rc. auch
das solch holtz dürr seye / einen stock
drehen (welches denn also genandt
wirdt) auff folgende weyß/nemlich/
nim solch holtz/vnd laß es rund drehen / anderthalb schuch lang/inn der
dicke aber / vier vberzwerch finger
dick / denn solches ein gemeyne größ
eines stocks gibt / doch magst du solches grösser oder kleiner nach deinem
beger zurichten lassen/vnd solle durch

f ab

ab ein gleiche gröſß haben/on allein zu
oberſt ſoll er haben ein form eines
Thurns von luſtigers anſehens we-
gen/Auch das inn ſolchem Stock zu
vnterſt ein loch hinein gedrehet wer-
de/vngefehr eins daumens weit/vnd
ſolch loch ſolle durchauff ein gleiche
gröſß haben/auch gerad in der mitt ſol
ches Stocks hinauff gehen biß zu o-
berſt/das allein nicht mehr beuor blei-
be/ denn eines vber zwerchenfingers
breyt/das ſolches nit durchgehe/vnd
da ſolch loch auff hört/laß es vol hinauß durchdrehen / mit einem drehne-
ber/der da nur halb ſolchs lochs wei-
te gebe / auff das du ſolches deſt baß
verſtehen magſt/beſihe nachfolgende
figur.

Weyter

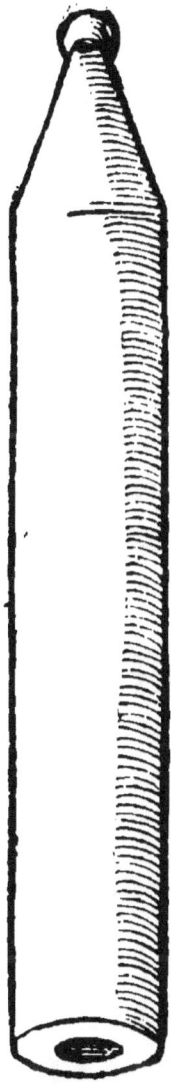

Weyter / so er
also gemacht ist /
als denn teile sol=
chē in vier / fünff /
sechs oder sieben
teil nach der run=
de herumb / denn
so du in solchen
viel auffarender
fewr begerest zu
habē / muß er dest
mehr teyl haben /
denn laß dir einen
Schreiner solche
teil mit dem hobel
abstossen gantz
gleich / so solches
auch beschehen /
solt du haben ei=
nen zwirelneber /
wie solche denn
die Drechßler ha=

F iij   ben

ben / vnnd das solcher ein loch eines
zimlichen messerrucken weyter denn
die Racketen / welche du denn zum
stock brauchen wilt/gebe/die Racketen seyen groß oder klein/Nachmals
theyle den stock auff allen seyten hin-
ab/mit einem zirckel gleich auß/also/
das wenn du inn jedem theyl ein loch
mit dem Zwirelneber hinein lassest:
drehen/das allweg zwischen zweyen
löchern spacium bleib/nemlich/zwei-
er messerrucken breyt / auch das solche löcher ein jedes zweyer völliger:
messerrucken tieff seye / vnd das solche gerad inn der mitt einer jeden seyten hinab gehen / das allein zweyer
zwerchfinger hoch vnten auff / der
stock kein loch habe (verstehe / mit
dem Zwirelneber gemacht)denn daselbst hin gehört der stil/wie denn folgen wirdt / Auch solches klerlicher zu
verstehen / besihe hiebey gesetzte Fi-
gur/

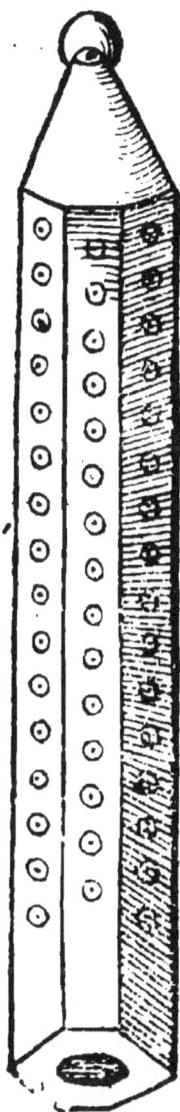

gur/ vnd inn all=
weg achtung ge=
habt / das ſolche
auſwendige lö=
cher / ſo mit dem
zwirenneber ge=
macht/ nit in das
mittel durchge=
drehet loch gehn.
Nachmals ein je=
des loch zumitt,
mit einem dratt,
durchgebrennet /
auf das ſolch löch,
lein in das durch=
gedrehet loch ge=
he/ doch das ſolch
löchlein nit gröſ=
ſer ſeye / denn ein
zimlicher Haber=
halm. Als den laß
dir einen durchf=
F iij   ler

ler ein ſtöſſel drehen / einer ſpañ lang/
der auff das aller gerechteſt / ſo mü=
glich/ die dicke hab/als weyt das loch
im Racketenſtock iſt / inn welchem
Racketenſtock du denn die Racke=
ten zu dieſem Fewerwerck machen
wilt / er ſeye klein oder groſſ / auſſge=
nommen die handheb ſolches ſtöſ=
ſels / magſt du nach deiner hand ge=
recht laſſen machen. So denn ſol=
cher ſtöſſel gemacht iſt/ſo thu jm fer=
ners alſo:Nimñ papier das zu halb bö
gennweyſſ geſchnitten ſeye/vnnd nach
der leng ſolchs papiers ſchneyde ſtück
herab/in gleicher breyt/durchab gleich
wie das papier / ſo zu den Racketen
gebraucht wirdt / doch ſolch papier
ſchneyd eines vberzwerchen fingers
breyter denn das Racketen papier/
Auch darff ſolch papir nicht geleimbt
ſein/wie das ſo zu den Racketen ge=
hört / ſolcher papier ſchneyde ſo viel
als

als der löcher im ftock findt/Nimme
denn folcher eins/ vnd fchlage es vmb
den ftöffel ein mal herumb/vnd denn
mit einem penfel einen zerlaßnen leim
am jnnern theyl des vmbgefchlagnen
papiers durchauß darauff geftrichen/
Als deñ das papir vber das ftöffelein
gewickelt/ auch das folches fatt auff
einander auffgewickelt werde/vnnd
kein fach für das ander gehe/ oben
noch vnten. Defgleichen hab auch
acht/ das der ftöffel mit dem leimb
nicht beftrichen werde/ anderft die
Rollen nicht vom ftöffel gehen/ ver=
ftehe diefe papieren Rörlein/ welche
alfo genant werden/ als denn folche
Rollen von dem ftöffel gantz fehnlich
abgezogen/damit folche nicht zufam=
men gedruckt werden/vnd denn alfo
laffen drucken werden/ Auff gemel=
te weyß follen alle Rollen gemachet
werden/fo viel du denn jr bedarffft/
f iiij   nem=

nemlich/zu einem jeden loch eine/vnd
so solche vom stössel nicht gern wol=
ten abgehen / als denn bestreyche den
stössel zuringvmb mit seiffen/so gehn
sie gern herab / laß sie denn/wie auch
obgemelt/trucken werden/vnd denn
an einem ort solche rollen gerad her=
umb abgeschnitten/Als denn bestrei=
che solche außwendig mit zerlaßnem
leim/eins halben vberzwerch fingers
hoch / an dem ort/da du es beschnit=
ten hast / denn so leim sie gerad nach
einander auff allen seyten ein / vnnd
sihe/das die löcher die rechte größ ha=
ben/damit sie satt darinn stehen/nach
dem sie trucken darinn sind worden/
Auch sihe / das der leim nicht für die
löchlein so in stock hinein gehen/ lauf=
fe/vnd den laß es gantz wol trucken
werden/So denn solchs auffs fleyß=
sigst gemacht ist/wird es nachfolgen=
der figur gleichförmig sein.

Weyter

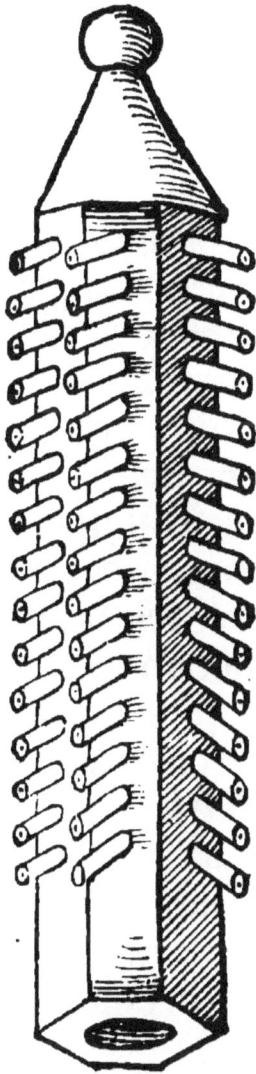

möge schieben in füllung solches. Als
denn mache nachfolgenden zeug:
Nun gut schießpuluer. 12.lot.
Kol. 4.lot.
Schwebel. 3.lot.

Solche stück alle sollen zuuor ehe
vnd sie zusammen gewegen/auff das
aller reinest gestossen/vnnd durch ein
eng würtzsiblein gereden/ Nachmals
wie obgemelt abgewegen/ vnd gantz
wol vnter einander vermischt wer=
den (Diesen zeug magst du zu vielen
andern fewrwercken brauchen/auch
du in etlichen nachgehenden beschrei=
bungen zu disem gewisen wirst/Auch
merck die fewrwerck/so in jnen Ra=
cketen haben/zu solchē die angefeuch=
ten zeug nicht tügenlich seyen/sonder
dieser oder andere truckne zeug / wie
dir denn die vbung solches wird an=
zeygen) Als denn laß dir einen stöffel
drehen/der da gerecht inn das durch=
gedre=

gedrehet loch des stocks seye / auch
biß zu vnterst solches lochs hinab gehe / Vnnd denn nimme solches zeugs
so viel du auff einem völligen messer
magst halten / vnnd denn inn den
Stock vnten hinein gethan / als
denn obgemelten stössel darauff gesetzt / auch drey oder vier zimlicher
schlege darauff gethan / damit sich der
zeug wol auffeinander setze / Auff solche weyß das gantze loch des stocks
herauf gefült / doch das es allein zweier zwerchfinger hoch vngefült bleybe / denn inn solch ort der stil gehört /
wie folgt / Als denn laß dir einen stil
drehen zweyer spanne lang / so du
anderst solchen Stock inn der hand
wilt tragen / so du jhn brenst / Oder
aber so du solchen wilt eingraben /
wenn du jhn wilt brennen / als denn
ist von nöten / das solcher stil lenger
seye / nemlich / eines Mannes lang /
vnd

vnd ſolcher ſtil/welchen du denn haben wilt/ſolle gantz ſatt ſich vnten in
das loch des ſtocks ſchicken/Als denn
ſolle ſolcher ſtil vnten durch den ſtock
wol verboret vnnd hinein verleimbt
werden/vnd deñ ſolchen trucken laſſen werden / Als denn ſollen alle pa-
pier/ſo inn die rollen geſchoben worden ſind/zu verhüten das herauſſ ſtie
ben des zeugs/ widerumb mit einem
gekrümbten dratt herauſſer gethan
werden/vnd denn genomẽ ein ſech-
zehen theyl eines lots gut gekörnt
ſchieſſpuluer/ſolcher theyl thu inn ein
jede angeleumbten rollen einen/Deñ
muſtu haben gemachte Racketen/da
ein jede ein ſchlag habe/ſo viel deñ der
rollen ain ſtock ſein.Wie du aber ſolche Racketen zurichten vnd machen
ſolt/biſt du in beſchreibung ſolcher genugſam vnterricht worden.Auch ſihe vor allen dingen/das ſolche Racke
tẽ

ten gantz satt vnd beheb inn gemelte
rollen gehen / damit so sie hinein geschoben werden / nicht mögen herauß
fallen / Ja auch nit / das sie eines mes-
serruckens breit herfür / in solchen ab
dem puluer gehend / Denn wo solchs
geschehe / die Racketen inn brennung
des stocks nit angezünd würden / Als
denn die Racketen genommen / vnd die
helßlein solcher vol Racketenzeug getruckt / damit solcher gentzlich nicht
möge herauß fallen / Solches mit allen gethan / vnnd denn solche genommen / inn die rollen hinein geschoben /
auff das puluer so du zuuor darein
gethan hast / das es auff solchem satt
auffstehe (verstehe die helßlein der
Racketen) vnnd so solche ein wenig
zu klein darein weren / als denn ein
papier vmb solche gewunden / damit
sie gantz satt / wie oben gehört / darinnen seyen / auff das. / wenn du den
stock

ſtock hin vnd her bewegſt/das ſolchs
on nachteyl beſchehen möge. So deñ
ſolches alles auffs fleyſſigeſt nach ob-
geſchꝛiebner weyſz gentzlich gemacht
iſt / als deñ iſt ſolch fewꝛwerck gentzlich fertig vnd gerecht.

Doch iſt von nöten / das du ſolchem ſtock ein ſchöne form macheſt/
auch damit es nit geſehen möge wer-
den/auff was foꝛm vnd weiſz ſolcher
gemacht ſeye / Deſzgleichen das er ein
ſchön anſehen vberkom̄/ Solchs zu-
uolbꝛingen/thu im alſo: Laſz dir von
holtz zwo dünne Scheiben dꝛehen/
die inn der runde herumb die weyte
der angeleimbten Rollen völlig ha-
ben/in ſolcher Scheiben eine/laſz zumitt ein loch hinein dꝛehen/das gerad
die gröſz habe / das ſie nicht weyter
am ſtock hinab möge gehen/ deñ da
die foꝛm eines Thurns am Stock
auffhöꝛt / nemlich / eines zwerchfingers

gers hoch oberhalb der Rollen / Als
denn hefft oder leim solche Scheiben
daselbst wol an/ damit sie nicht vber
sich oder vnter sich möge gehn/ Nach
gehends thue gleichs fals mit der an=
dern Scheyben/allein das solche vn=
terhalb der rollen angehefft oder ge=
leimbt werde/also/das beyde scheiben
gantz sat vnd steyff daran stehen/als
denn etlich papier/doch einfach/ nach
dem der Stock groß oder klein ist/zu=
sammen geleimbt/damit du den stock
zwischen beyden Scheyben vber=
leymen mögest / vnnd denn solch pa=
pier an die ober vnnd vnter Scheyb
angeleimbt / vnnd wol angezogen/
damit es gentzlich zwischen beyden
Scheyben fleyssig vberleimbt wer=
de / Vnnd denn den gantzen Stock
außwendig auffs aller lüstigest an=
gestrichen vnnd gemalt / Als denn ist
solch Fewerwerck gentzlich fertig/
welches

welches genandt
wirdt der stock /
wie solcher ein
form habe / nach
dem er außgema
chet ist / besihe die
hiebey gesetzte fi-
gur.

So du denn
solch fewrwerck
wilt brennē / gra-
be solches ein / o-
der trag es nach
dem du denn sol-
chē gemacht hast /
vnd deñ oben ein
gereumbt vnnd
angezünd. Als
deñ wirst du ein
vberauß schönen
lust sehen / Denn
solchs vnter den
schimpff-

schimpff lichen Fewerwercken gar
nahe das lüstigest zusehen ist. So du
nun solch Fewerwerck fleyssig kanst
machen/auch solchem fleissig nachge-
denckest/magst du vnzalbare Fewrwerck dardurch zu wegen bringen/
vnd lernen machen / wie dir solches/
so du dich darin wirst vben/
wol wirdt anzeygung
vnd vnterricht
geben.

G   Ein

Ein Streytkol-
ben mit außfarenden
fewren.

ERstlich wil ich dir anzeigen/war
umb diß Fewrwerck ein Streit-
kolb genant wirdt/nemlich dar-
umb/das jrer zwen oder mehr schim-
pflicher weiß (als / nemlich zu Faß-
nachtzeiten) mit einander streitten
mögen/vnnd zu solchem streitt solche
gantz trügentlich meines gedunckens
gebrauchet mögen werden.Wie denn
solches volbracht werde/wirst du in
nachgehendem vnterricht hören/nem
lich also/ Laß dir ein Rhor von dürrem Ahorn oder Pirbaum drehen/
das nachgehende form vnnd gestalt
habe/deßgleichen scheyblein/ deren figur auch nachgehends verzeichnet ist.
Wie

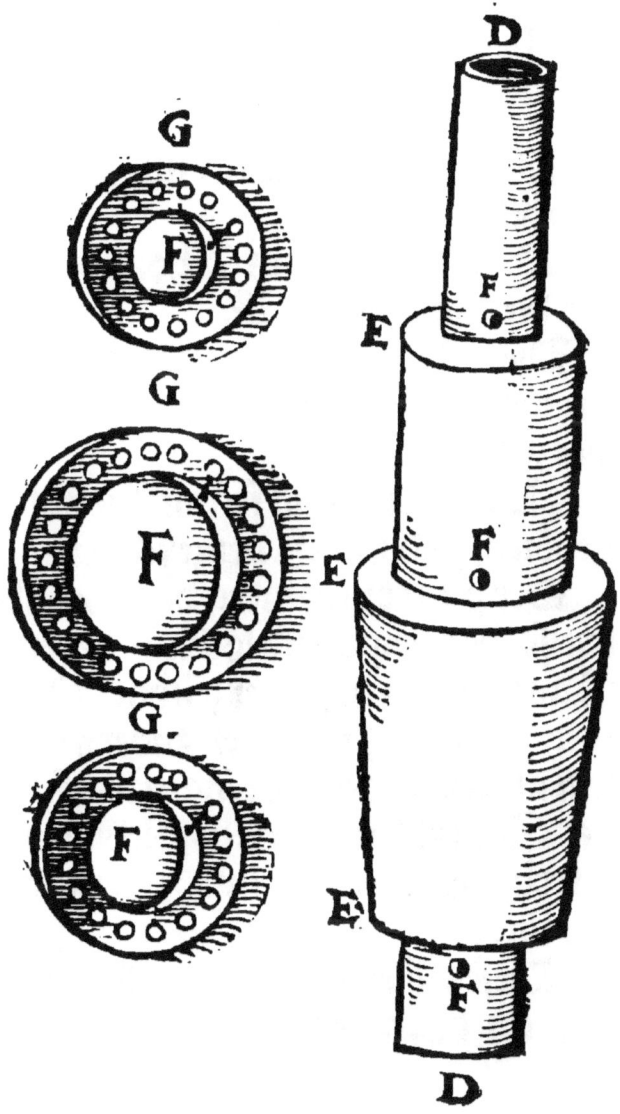

Wie du diese Figuren
verstehen solt.

Das gantze Rhor ist mit D ver=
zeychnet.

Die absetz solches Rhors bedeu=
ten die Buchstaben E.

Die löchlein so ob den absetzen hin=
ein ins Rhor gehen/ sindt mit dem F
verzeychnet.

Die Scheiblein so auff die absetz
gehören/ sind mit G verzeychnet.

Der punct inwendig der Scheib=
len/ so das eingehend löchlein bedeut/
ist auch mit dem F verzeichnet / Vr=
sach/das dises sampt den andern löch=
lein auffeinander inn hinan streiffung
der Scheyblen komnen sol/die denn
am rhor gleiches fals mit F verzeich=
net sind.

Dieses Rhor solle die größ haben/
das ein durchgehend loch dardurch
gedrehet

gedrehet sey / welches die grösse soll
haben / das ein daumen darein gestoffen möge werden/Auch soll solch
sich immerzu ein wenig erweytern/
nemlich / das es vnten am weytesten
seye/vnd sich in anzündung desselbigen das fewr dest baß herausser drin-
ge/von wegen das vnten mehr zeugs
denn oben im rhor ist. Nachgehends
merck / das solche absetz / so mit dem
Æ verzeychnet/diese breyt sollen haben / nemlich/ eines zimlichen zwerch
fingers breyt/vnd obertheyl diser absetz / nemlich / zweyer messerrucken
breyt solle ein löchlein ob jedwedern
absatz gemelts rhors hinein gemacht
werden / eines rockenhalms groß/
wie denn solche löchlein am rhor mit
dem F verzeychnet sind/Auff solche
absetz sollen runde Scheyblein gedrehet werden / Nemlich also/Das erst
Scheyblein am obern absatz sol ha-

G iij   ben

bett ein loch inn der mitt gerad / also
groß als das Rhor oberhalb des absatz / da deñ das löchlein hinein gemachet ist / auch das solchs angemeltem
Rhor gantz sat anlige / so es daran ge-
streifft wirdt / vnnd die breyt solches
scheibleins solle eines zwerchfingers
breyt sein / gleich dem absatz / deßgleichen die dick / vnnd so das scheyblein
ans Rhor gethan wird / das es gentzlich dem absatz gleich seye / damit die
Racketen vnuerhindert herausser
mögen faren / wie du denn / so es fertig
ist / augenscheinlich sehen magst. Das
spacium aber des Rhors / zwischen
dem ersten vnnd andern absatz / solle
ein gleiche dick habē / biß zum andern
absatz hinab / vnd deñ auch ein scheiblein gleicher form / wie oben gemelt /
gemacht / doch wirdt solch scheyblein
grösser denn das ober / Vrsach / das
loch solches andern scheybleins müsse
die

die gröſſ haben / das ſolch Scheyblein
möge vber den obern abſatz hinab ge
than werden/ vnnd denn ſolches am
andern abſatz gantz geheb vnnd ſatt
anlige/die dicke vnd breite ſolchs (ver
ſtehe auſſerhalb des lochs) ſolle aller
maß gentzlich wie von erſten geſagt
iſt/ſein.

Das dritt vnd letzt ſpacium aber
ſolle der geſtalt gemacht werdē/nem=
lich/das es ſich durchab jmmerzu als
ein wenig verliere/auff das allein das
Rhor vnten die dicke behalt/ ſo fern
du dē vermeinſt von nöten zu ſein/
als nemlich / auſſerhalb des lochs eines zimlichen zwerchfingers breyt/
als denn ſolle vnten an ſolch rhor ein
eingehender abſatz / durch die halbe
dicke des holtz gedrehet werden/ſol=
cher abſatz ſoll dreyer zwerchfinger
lang ſein/vnd vnterhalb ſolchs abſatz
zweyer meſſerrucken breyt ſolle ein
                    G iiij   löch=

löchlein gleicher gröſſ / wie oben ge=
melt/hinein gemacht werden/verſte=
he die löchlein ſo mit F verzeychnet
ſind / Als denn auch ein Scheyblein
gentzlich nach voegemelter art an jetz
gemelten abſatz gemacht / allein das
ſolches nicht oben herab/wie die an=
dern gethan wird/ſonder vnten hin=
auff / vnnd das du eygentlich wiſſen
magſt / wie lang die ſpacia zwiſchen
ben abſetzen ſollen ſein/thu ihm alſo:
Nimb der kleinen Racketen eine / die
gefült ſey/vnnd wie lang denn ſolche
iſt / alſo hoch/oder eins halbē zwerch
fingers höher ſollen die ſpacia zwi=
ſchen den ſcheiben vnnd abſetzen ſein/
auſgenoſſen das obertheil des thoes
ſolle zweyer zwerchfinger höher für=
gehen (verſtehe für die Racketen)
wie du denn nachgehends hören vnd
ſehen magſt . Nachgehends nimme
die drey Scheyblein / vnnd theyl ſie
oben

oben herumb inn so viel theyl als sol=
che denn leyden mögen / Nemlich al=
so / das wenn du mit dem zwirelne=
ber inn solche theyl der Scheyblein
löcher herumb lest drehen/das allweg
zwischen zweyen löchern spacium
bleybe / zweyer messerrucken breyt/
Auch sollen solche löcher allein auff
das halbe theyl der dick der Scheyben
hinein gehen / Vnnd das du wissen
magst / wie groß der zwirelneber soll
sein/damit dise löchlein gemacht wer=
den / bist du solches gnugsam vn=
terricht worden inn beschreibung des
Stocks / denn daselbst gleichförmige
löcher gemacht müssen werden/Vnd
denn bor mit einem gantz kleinen ne=
berlein alle eingedrehete löcher je eins
ins ander / vnd solch zusammen bo=
ren solle zu vnterst in den löchern be=
schehen/ allein das das letzt kein löch=
lein / so inn das erst gehe/habe/damit

G v so es

ſo es angezündt wirb/ das fewer in
ſcheyblein nicht auff beyden ſeyten
herumb möge lauffen / ſondern eines
nach dem andern abgehe / vnnd das
auch ein jedes ſcheyblein vor dem loch
hinein inn das erſt zwirelloch/inn der
mitte der dick ein löchlein eines Rockenhalms groß habe/dardurch denn
die Racketen angezünd werden/vnd
wenn du die ſcheyblein an das Rhor
ſtraiffſt/das jetzt gemelte löchlein/vñ
die löchlein ſo bey den abſetzen ſindt/
gentzlich auffeinander kommen / vnd
gerad in einander gehen/vnd zu mehrerem verſtand/ſind ſolche löchlin am
rhor/deßgleichen an den ſcheiblen/mit
ƒ verzeichnet worden / in vorgehenden figuren/Als denn leim ſolche ſcheiben an gemelt rhor an / wie jetzt ge-
hört/vnd ſihe das die löchlein nit auch
damit verleimbt werden/Nachmals
muſtu rollen von papier machen die
der

der gestalt gemacht seien/nemlich das
die Racketen gedrungen hinein gehn/
wie du aber solche machen solt/ist vn
nötig widerumb zuerholen / denn du
inn nechst vorgehender beschreibung
des stocks solche zumachẽ vnterricht
bist/vñ deñ solche rollen gantz fleissig
in gemelte löcher eingeleimt/also/das
in alle löcher ein geleimbte rollen kom-
men/auch das solche am rhor herauff
anligen/doch sihe in allweg/das weñ
du solche einleimest/das der leimb nit
für die kleinen löchlein / so von einem
loch in das ander gehen/lauffe/laß es
denn also gantz wol trucken werden.
So denn solches auch beschehen / als
denn mache diesen zeug welchen du
denn in nechst vorgehender beschreibung des stocks vnterricht bist/nem-
lich / von puluer/kol vnnd schwebel/
wie viel jedweders / wirst du vnter
gemelter beschreibung vnterricht.

Vnd

Vnd denn nimm solches zeugs all=
weg ein wenig / vnd in das durchge=
hend loch des thors gethan/ als denn
mit einem stössel vnten hinein wol
vnnd fest auff einander gesetzt / biß
solch loch gentzlich gefüllet ist / allein
das es vnten eines völligen zwerch
fingers hoch vngefüllet bleybe/ von
wegen des stils so darein gehört/ Als
denn laß dir einen stil daran drehen/
zweyer spann lang/ der sich gerad vn=
ten in gemelt Rhor schicke/ Vnd sol=
cher solle verboret/ vnnd hinein ver=
lennbt werden / So solches auch be=
schehen / als denn nimme ein sechtze=
hendtheyl eines loths gut gekörndt
schießpuluer/ vnd denn inn jede rollen
soicher theyl einen gethan / auch wol
hin vnnd her gerüttelt / dannit solch
puluer auch in die kleinern löchlein in=
wendig der zwirellöcher komme/
Sonderlich aber in dem loch/ da das
feuer

fewer auß dem Rhor herauß kompt/
damit es alles recht nach einander ab=
gehe/inn anzündung des Streytkol=
bens/Denn muſt du haben gemacht
Racketen / da ein jede ein ſchlag ha=
be/ſo viel denn der angeleimbten rol=
len am Rhor ſindt/ Wie du aber ſol=
che Racketen zurichten ſolt / biſt du
in jrer beſchreibung genugſam vnter=
richt worden/ Allein mercke/das ſol=
che gantz getrungen inn ſolche rollen
gehen / damit ſie nicht herauß mögen
fallen in bewegung ſolches/ Als denn
truck die helfflein der Racketen vol
Racketenzeug / damit es nicht her=
auß möge fallen / Solches mit allen
gethan / vnnd denn ſolche inn die rol=
len hinein geſchoben auff das puluer/
damit ſolche gantz ſatt darauff auff=
ſtehen. Doch zu mehrerem verſtand/
damit du es deſter baß verſtehn mö=
geſt / beſihe nechſt vorgehende be=
ſchrei=

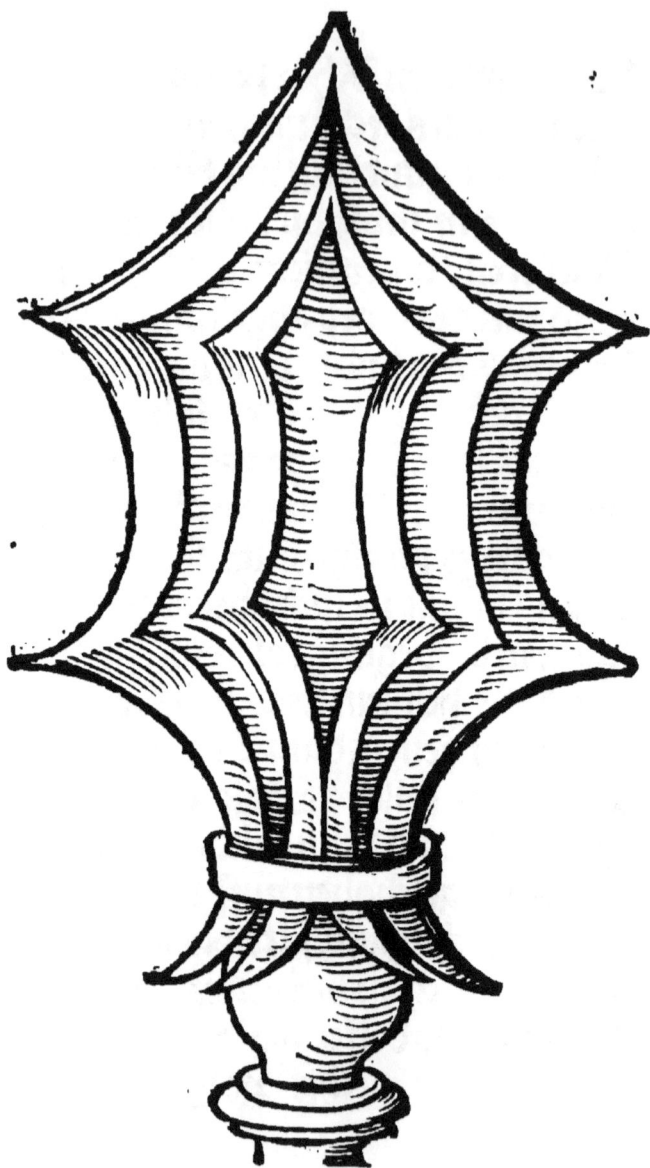

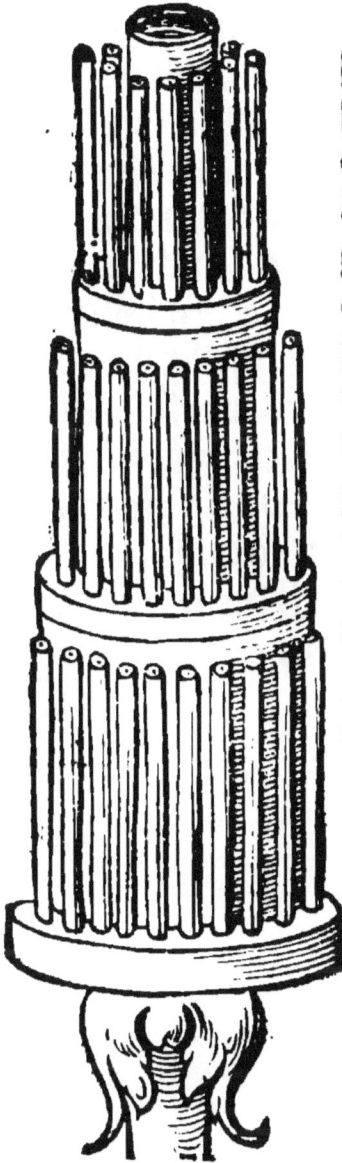

schreibung des
stocks / wirst du
als denn solches
leichtlich volbrin
gen mögen / so du
anderst die be-
schreybung des
stocks recht ver-
stehest / vnd dises
gemelten Fewr-
werck's hastu zu
vberflüssigē ver-
stand solches ein
Figur hie neben
beygesetzt.

So denn solchs alles auffs fleyſſigeſt gemacht iſt / als denn iſt ſolch
Fewerwerck fertig / allein das auch
wie vom Stock gemelt iſt / ſolchem
Fewrwerck ein ſchöne form von ein-
fachem vberleimbtem / auch gemal-
tem papir gemacht werden ſoll/was
form denn dir daran gefellig iſt.

So du denn erzelter beſchreibung
in allen fleiſſig nach kompſt/wirſt du
nicht ein vnkurtzweylig Fewrwerck ſehen/ ſo du ſol-
ches wirſt bren-
nen.

Ein

Ein schiessende

Fackel oder Wind=
liecht.

Achs also: Laß dir ein Drechß=
ler von dürrem holtz ein Rhor
drehen/auff folgende weiß/nem
lich also: Solch Rhor solle rund vmb
als dick sein / als vngefehr ein Taler
sein mag / oder so du wilt / magst du
es dicker vnd grösser machen lassen/
nach deinem gefallen/solch Rhor solle dreyer spann lang sein / vnnd gerad
durch die mitte des Rhors/nach der
leng/soll ein loch hinein gedrehet wer=
den/inn der größ / das einer möge ei=
nen zimlichen daumen darein stossen / doch das solch loch nicht tieffer
denn zweyer spann tieff hinein gehe/
Vnd den laß dir drey absetz auß wen=

h   dig

dig ans roz drehen/als nemlich/oben/
mitten vnd vnten/verstehe/nach der
leng des auffgedreheten lochs zurech=
nen/Vnnd solche absetz sollen aussen
hinein zweyer zimlicher messerrucken
tieff gedrehet werden / vnnd dreyer
zwerchfinger lang/auch das der ober
absatz bey ein zwerchendaumen nit
an dem ort hinauß gehe/Deßgleichen
der vnter einem zwerchdaume obert
halb auffgangs des lochs am Rhor/
vnd vnten am Rhor/ vnterhalb des
lochs solle ein feine handheb gedrehet
werden / solch daran zu tragen/wie
folgen wirdt / vnnd denn solche ab=
setz mit kleinen schnüren / als sennen=
garn gantz hart damit vberbunden/
das allweg ein bund an den andern
fein ordenlich nacheinander komme/
vnd auff gehörte weyß die absetz mit
schnüren vberbunden / das sie dem
Rhor gleich sindt / denn letzlich wol
ver=

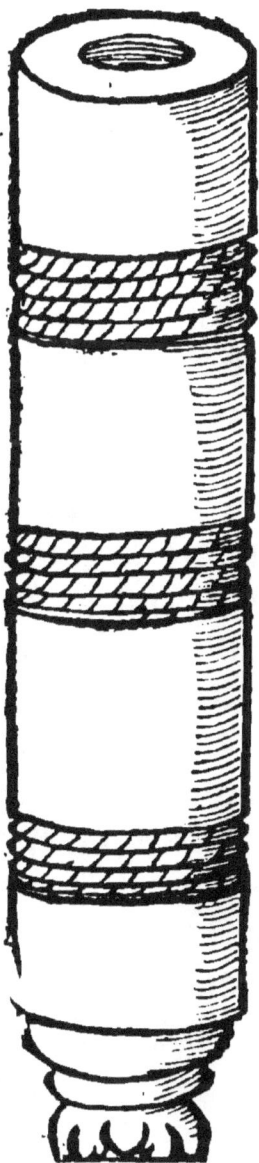

verknüpft vñ sol
che absetz sampt
jrer vberbindũg
beschicht/zu ver-
meiden/das solch
Rhor nit reissen
möge in abgehen
der schlege. Wie
denn solch Rhor
solle sein/ hast du
hiebey des selbigẽ
ein figur. Nach=
gehends lasse dir
schleg dreen/nach
auß weisung wie
du inn beschrey-
bung der ersten
Racketen vnter
richt bist wor=
den / Doch der
gestalt / das sol=
che schlege gantz

h ij   ge=

gerecht in gemelts loch des rhors sey=
en/nemlich/das sie ein wenig gedrun=
gen in das loch gehen/als denn nimme
des zeugs / so zu dem Stock gebrau=
chet wird/in derselbigen beschreibung
du solchen zumachen vnterricht bist
worden/nemlich/ von puluer/kol vnd
schwebel/als denn laß dir einen stöffel
drehen / der da gantz gerecht inn das
loch des gemelten Rhors seye / vnnd
biß zu vnterst solches lochs hinab ge=
he. Vnnd denn nimme solches zeugs
allweg ein wenig/ vnd denn mit dem
stöffel wol auff einander gesetzt/vnd
das Rhor solle gemelter weyß auch
von gemeltem zeug vnten auff zwei=
er finger hoch gefült werden/Als den
nimme gut gekörnt Schießpuluer ein
quintlein / vnnd thu es auff den ge=
setzten zeug ins Rhor hinein/ Als den
einen gedreheten schlag darauff hin=
ein gethan/vnd eben achtung gehabt/
damit

damit solcher schlag den breyten weg
auff dem puluer aufflige / Als denn
gar ein wenig klein zerriben pulver
oben auff den schlag hinein geschütt/
vnd an das Rhor geklopfft/damit sol
ches in das löchlein des schlags kome/
vnd der schlag dadurch angezünd mö
ge werden. So solches auch besche=
hen / nimme gleiches fals wie vor ge=
melt/obgemeltes vermischten zeugs/
vnd aller maß wie gehört widerumb
mit dem stöffel hinein gesetzt / auff
zweyer zwerchfinger hoch/vnd denn
widerumb einen schlag von pulver
vnd gedreheten schlegen/wie du denn
vor auch vnterricht bist/darauff ge=
macht / vnnd auff gemelte weiß solle
das gantz Rhor gefült werden/nein=
lich/so des langsam brennenden zeugs
zweyer zwerchfinger hoch darinn ist/
das alweg ein schlag wie gemelt/dar=
auff gemacht werde/So den solches

H iij   alles

alles auffs fleyffigeſt beſchehen / als
benn iſt ſolches gentzlich fertig / Vnd
beñ ſtreiche ſolch Rhor aufwendig/
vber die ſchnůr vnnd allenthalben
ſchwartz an / von beſſers anſehens
wegen/Nachgehends iſt ſolchs
nach aller notturfft fertig.

Wie

Wie du solt zu=
richten schöne Fewerkug=
len/ins waſſer auß der hand zu
werffen/oder auß einem
Mörſer oder
Böler.

Machs alſo: Laß dir ein Drechß=
ler von gutem harten Ahorn=
holtz / das dürr / auch vierſpalt
ſeye/wie denn ſolches den Drechßlern
wol bewuſt/Von ſolchem laß dir ein
runde Kugel drehen/nach deinem be=
ger / nach dem du ſie geren groß oder
klein wilt haben / In ſolche kugel laß
ein loch hinein drehen/vngefehr in der
weyte eines batzen groß/zu ſolchem
loch hinein laſſe die Kugel innwen=
dig rund vmb hol außdrehen / auff
das ſie nicht dicker bleybe / denn
H iiij   eines

eines vberzwerchen fingers dick / es
were denn fach / das die kugel zimlich
groß were / als denn ist von nöten/
das du solche etwas dester dicker laf=
sest/wie ein jeder solches bey jhm sel=
ber mag abnemen/vnd das solche ku
gel rundvmb ein gleiche dicke habe.
Als deñ laß mit einem Drehneber ein
loch inn die kugel boren / nemlich/das
beide löcher gerad vber einander kom
men/ also / das das loch/zu welchem
du die Kugel hast lassen außdrehen/
vnten sey/vnd das jetztgemelte oben/
welches denn das zündloch der kug=
len sein wirdt/vnnd die größ solches
zündlochs solle sein / nach dem denn
die kugel ist.Als nemlich / so die kugel
einer faust groß vngefehr ist/als denn
solle das zündloch so groß sein/als ein
gemeiner pfriem am dickeste ort mag
sein/Vnd so denn solche kugel grösser
were/als nemlich/vngefehr eines zim=
lichen

lichen kopffs groß/Als denn solle das
zündloch die gröſʒ habē/das du magſt
den kleinen finger biß ans erſt gelied
in ſolches loch ſtoſſen/Vnd nach jetzt
gehörter weyß ſoll das zündloch an
kuglen gemacht werden/das du zu
vnd abnemeſt/nach dem ſie deñ groß
oder klein ſein/denn ſolches allein auß
dem augenmaß beſchehen muß/dar=
umb das keine proportionierte auß=
theilung darinnen ſein kan/So denn
ſolche kugel in allen dingen obgemel=
ter weyß zugericht iſt/als denn iſt ſie
fertig(verſtehe die leere kugel)Sol=
ches haſt du die nachfolgende figur
zu beſehen.

H v Nach

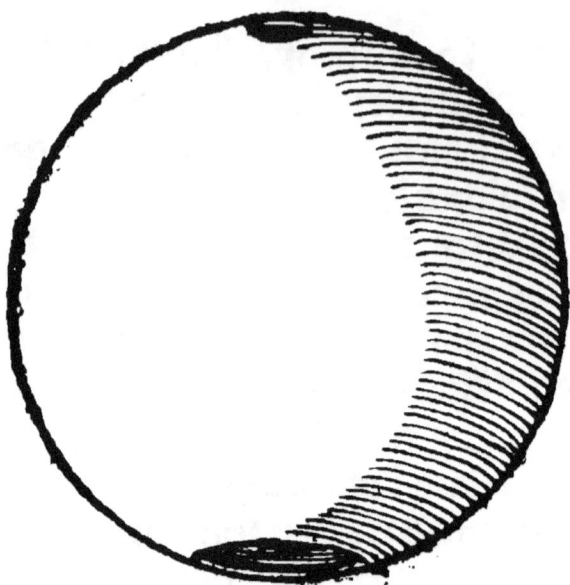

Nachmals mache diesen folgenden zeug: Nimme gut schießpulver ein
pfund / Salpeter ein halb pfundt/
Doch das solcher gantz wol zuvor ge-
leutert seye/Wo denn solchs nicht were / hast du zuförderst in diesem Büchlein genugsamen vnterricht / wie du
jn zrichten solt/das er zu allen fewerwercken bequem vnnd tügenlich gemacht

macht solle werden. Weyter nimme
auch Schwebel ein vierding eines
pfunds / Kol zwey loth. Solche
stück alle sollen zuuor gantz rein ge=
stossen / vnnd durch ein eng Würtz=
sieb gereden werden/ Nachmals die=
se stück auff gemelte weyß zusam=
men gewegen / vnnd gantz wol ver=
mischt in eim Mörser/Als denn nimme
auch ein vierdig eins pfunds Leinöl/
vnd in gemelten vermischten zeug ge=
schüt/als denn mit eim Mörserstössel
gantz wol solche zeug auff ein vier=
theyl einer stund zusamen vermischt/
vnd durcheinander gearbeytet wer=
den solle/Nachmals nim solche kugel/
vnd thue jetzt gemelts zeugs ein we=
nig zu dem vnterm loch der Kugel
hinein / vnnd denn mit einem hültzen
stössel solchen zeug auff das hartest
so müglich/ hinein gesetzet.

Auff solche weyse / jemals ein
wenig

wenig genommen / vnnd allweg wie
gemelt / auff einander gantz hart vnd
satt gesetzt / solches gethan / biß solche
kugel gentzlich gefült werde / vnd das
allein an solcher kugel vngefült bleybe die dicke der kugel im loch / damit
ein klotz wie volgt / darein verleimbt
möge werden / Als denn laß dir einen
runden zapffen drehen / der sich in gemelt loch gantz satt hinein schicke / die
kugel damit zu beschliessen / vnd denn
solchen zapffen inn gemelt loch hinein
getrieben / doch achtung gehabt / das
die kugel keinen spalt dardurch be-
komme / auch solle gemelter zapff zuuor in einen zerlassen leimb getunckt
werden / vnd also in solch loch hinein
verleimbt werden / So denn solcher
auff gemelte weyß darinnen ist / als
denn hab acht / das er der kugel außwendig gantz gleich gehe / damit die
beschlossen kugel also mit sampt dem
eing-

eingeleimbten zapffen gantz rund
feye/Nachmals nimme ein holtz einer
fpann lang/vnd fchneid an einem ort
ein zepfflein daran / das es fich gantz
eben in das zündloch der kuglen fchi=
cke/vnd denn folch holtz inn gemelts
loch gantz wol hinein geriben/ damit
die kugel nicht ab folchem möge fal=
len / So folches auch gefchehen als
denn nimme ein gut theyl pech / zer=
laß es in einem gefchirr ob dem fewr/
vnnd fo es zergangen/ als denn nim=
me das holtz daran die Kugel ift/
vnd halt die kugel darein / auch darin
vmbgewendt / damit folche Kugel
gentzlich an allen orten vberpicht wer
de/vñ folch verpichen befchicht meh=
rer theyls allein darumb / das man
nicht möge fehen / das folche Kugel
von holtz gemacht feye/denn fie fonft
gemeinigklich von zwilch gemachet
werden / fonderlich fo fie zum ernft
gebraucht

gebraucht/oder auß mörsern geworffen werden. So denn solches alles
beschehen/als denn ist gemelte Kugel
gantz fertig / Wenn du denn solche
wilt brennen / raum oben im zündloch ein wenig ein / mit einem pfriem
gemelts zeugs. Deßgleichen ein wenig zerriben puluer oben darauff gestrewet / damit sie dester ehe angezündt werde / Vnnd denn mit einem
Fewerschann oder zündstrick fewer
geben/Laß denn ein wenig angehen/
biß sie auff den zeug hinein brinnet/
welches du erkennen magst / so das
fewer inn der kugel anfahet hefftig zu
rauschen/vnnd herausser zu dringen/
als denn wirff solche auß der hand
inn ein wasser / wirdt sie denn nach
deinem begeren brinnen vnnd lust geben.

Doch merck/so solche kuglen klein
sind/haben sie solchen mangel/das sie
nicht

nicht gleich den grossen vnter das
wasser im hinein werffen fallen/son=
der empor schwimmen/solches must
du fürkomen/folgender weyß/nem=
lich/so sie noch vngefült ist/laß ne=
ben dem vntern grossen loch/vnge=
fehr eines fingers breyt/ein ring her=
umb drehen/auff das halb theyl der
dicke der Kuglen hinein/Vnnd sol=
cher ring solle inwendig im holtz vn=
derwerts hinein ein wenig gedrehet
werden/damit das hinein gegossen
bley nicht möge herauß fallen/wie
folgt. Nachmals nim̄ verlassen bley/
vnd denn solchen ring vol gegossen/
vnd gestehn lassen/Auch solche kleine
kugel aller maß wie von den grossen
gesagt/gefült/verzepft/verpicht/vnd
letzlich eingeraumbt/vnnd ange=
zündt werden solle. So denn sol=
ches alles auffs fleissigest nach gemel=
ter meynung gemacht ist/wirst du
vberauß

vberauß schönen luſt ſehen. Doch ſo
du diſen zeug gern etwas reſcher vnd
behender wolteſt haben/magſtu ſolches volbzingen / ſo du das öl nach
ſeinem gewicht nit gar nimmeſt/doch
habe fleyſſig acht/das du nicht zu vil
herauſſer laſſeſt / anderſt der zeug die
kuglen zerſpzengen möchte.

Weyters auß ſonderer lieb ſo ich
zu den künſtlern trage / wil ich hie ein
Cautel vnd Secret zu allen Fewerkuglen dir anzeigen / welches ein rin-
ge kunſt / aber doch ein mercklich ſtücklein iſt / Welches einzig ſtücklein
dafür mag ſein / ſo etwan ein Kugel-
zeug zureſch were/ das er möchte die
kugel ſpzengen / vnd dir ſchaden dardurch zugefügt möchte werden/ Solches zu fürkommen/nimme alweg ſo
offt du ein pfund zeugs haſt/ein loth
klein geſchaben wachs/ vnnd ſolches

zů ſolchem zeug gethan/ vnnd darein
vermiſcht/Wiewol ſolchs zu voꝛge=
meltem kugeln zeug/ gantz nicht von
nöten iſt / denn ſolcher gantz gewiß
vnd gerecht iſt/vnnd dieſer vnter an=
dern vielen der beſt iſt/welche ich mit
willen vnterlaſſen hab anzuzeygen/
gemelter vꝛſach halb. Dieweyl aber
andere compoſitiones von etlichen
künſtlern zu Fewerkuglen auch ver=
oꝛdnet ſind/ welche jr werck villeicht
nicht ſo getrewlich an tag möchten
geben haben / als ich (doch) one rhům
zu melden) wil ich dir ſolches im be=
ſten angezeygt haben/Denn du gantz
leichtlich jemmerlich verbꝛant möch=
teſt werden / wo du allen ſchmuſan=
tiſchen Fewerwerck beſchꝛeibungen
nach wolteſt gehen / wie denn mir
zum theyl beſchehen/ehe vnnd ich ſol=
cher ein gnůgſame erfarung gehabt
habe / Derhalb ſo ich meinigklichem
J nicht

nicht inn diesem vnnd anderm hette
wöllen dienen / wölt ichs mir behalten haben / Bitt wöllest es mit
geneygtem willen / wie ich
es denn dir warlich
mittheyl / auff-
nemen.

Sewr-

Tewrkuglen / so
sie auff einem platz ange=
zündt werden/ das solche zwen
oder drey sprüng thun.

Thu jm also: Erstlich laß dir ein
kugel drehen von holtz/inn aller
form / wie du inn nechst vorge=
hender beschreibung vnterricht bist/
So denn solches beschehen/als denn
laß dir einen Schlosser von einem
starcken eysen sturtzrözlein ma-
chen/auff folgende weyß/
nemlich also:

Diese

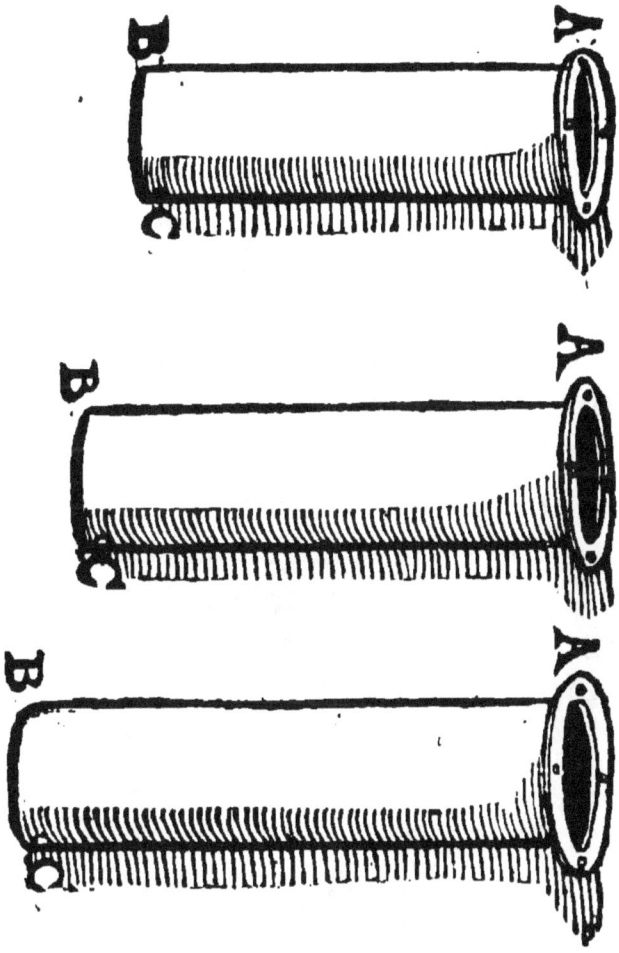

J iij

Diese rhörlein sollen sein von gutem starckem stürtzblech/vnnd sollen
gantz wol verlöt werden / auch ein
starcken bodẽ in jedweders gemacht/
vnd deñ verlöt werden/Deßgleichen
solle ein jedes rörlein oben einen auß-
gehenden rand haben zweyer messerrucken breyt / auch solle an jedem ein
zündloch gerad auff dem bödemlein
hinein gemacht werden/inn der größ
einem gemeynen Büchsen zündloch
gleich/Auch das solche rörlein allweg
eins ein wenig lenger denn das ander
seye/wie du inn den Figuren solches
klerlich magst abnemen: A bedeut die
vorgehenden rend am rörlein / B bedeut die bödemlein solcher rhörlein/C
bedeut die zündlöcher. Als denn nim̃e
die kugel/vnnd lasse drey runde löcher
vmb das loch/da man denn die kugel
pflegt zu füllen/ hinein drehen lassen/
gerad so groß / das die rörlein biß an
die

die fürgehende rend satt hinein ge=
hend.

Nachmals nim̄ solche rörlein/vnd
in ein jedes einen schuß puluer gethan/
doch das solch puluer nit das rörlein
möge sprengen / Welches den̄ du dem
augenmaß nach sehen magst / Oder
aber so du wilt/das die Kugel dester
höher sprung thu/Als denn laß dir die
rörlein dester stercker machen / damit
du ein gut theyl puluers darein thun
mögest/ vnnd dennocht solche rörlein
nit springen mögen/auch must du ha=
ben in jedes rörlein ein klotz vber das
puluer / welcher gantz beheb hinein
zimlicher maß geschlagen soll wer=
den/Vnd solche klötz sollen haben die
leng/ das sie auff dem puluer in rhör=
lein auffstehen / so sie hinein geschla=
gen sindt / wie oben gemelt / Vnnd
denn solche klötz / so weyt sie vber die
Rhörlein fürgehend / abgeschnitten/

J iiij   Nach=

Nachmals nimme ein wenig puluer /
auch mit ein wenig gebranten wein
angefeucht / vnnd zertrieben zu einem
dicken teyglein / Als denn die zündlö=
cher solcher thörlein außwendig gantz
vol gestrichen / Nachmals solche rhör=
lin in die löcher / so derwegen gemacht
seyen / hinein gethan / vnnd durch die
rend mit kleinen negelein an die kugel
geheffe / das sie gantz satt vnnd steiff
darinnen stehen. Zu besserm ver=
stand besihe diese figur.

Diese

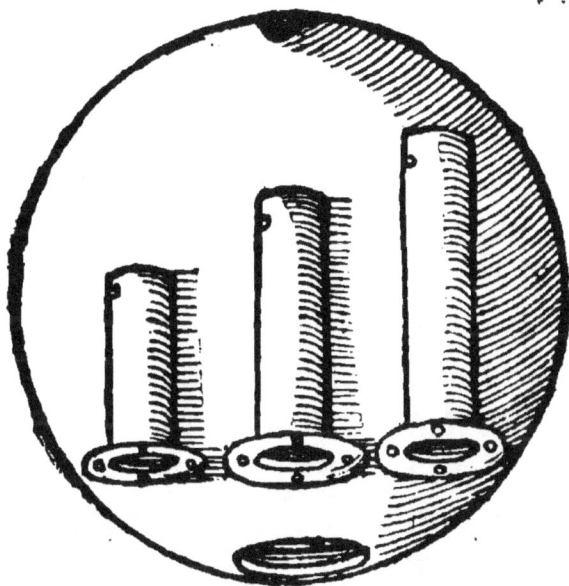

Diese Figur ist also zu verstehen / nemlich / wenn müglich were/
das du durch die Kugel hinein sehen
möchtest / hette sie obgemelte form/
Nachgehends mach diesen folgenden
zeug: Nim Salpeter der wol geleu-
tert seye drey theyl / Schwebel ein
theyl / weyß faul holtz von einem al-
ber oder Felbenbaum ein theyl.Vnd

J v   solche

solche stück sollen zuuor auff das rei=
nest gestossen werden/das faul holtz
aber muß zuuor wol gedörrt werden/
es lesst sich anders nicht klein stossen.
Auch wirdt die theylung dieses zeugs
nit abgewegen/wie die andern zeug/
sonder mit einem mäßlein als schüs=
selein / becher oder dergleichen gantz
fleissig abgemessen/nach obangezeig=
ten theylen/Vnd denn auff das beste
vnter einander vermischet werden.
Als denn fülle solche kugel mit gemel=
tem zeug gantz sat auff einander/vnd
sihe / das es hinderhalb der Rhörlein
auch gefült werde. So denn du bes=
sern bericht begerest / wie du solche
füllen sollest/bist du inn nechst vorge=
hender beschreibung gnugsam vnter=
richt worden/So denn die kugel also
gefült ist/als denn leime einen runden
zapffen für das loch / der auffwendig
der Kuglen gleich seye/Nachgehends
vber=

yberpich sie. Wie solchs geschehen sol
bist du auch in vorgehender beschrei=
bung vnterricht. So denn solchs alles beschehen / als denn ist sie gentzlich
fertig/so du solche deñ brennen wilt/
so sihe/das es auff einem ebnen platz
geschehe / denn raum oben bey dem
zündloch ein/setz sie von dir/vñ zünd
sie an/wirst du nach oberzelter meynung dein beger volbringen. Mercke
auch das dieser kuglen zeug / so in ge-
genwertiger beschreybung angezeiget
wird/weyß ist/vnnd solches bey den
Fewerwerckern für ein kunststücklein geachtet wirdt / aber ob solcher
besser denn die andern solle sein / sage
ich nicht/sonder schlechter/dieweyl es
aber ein kunststücklein ist/hab ich solches dir angezeygt.

Fewr=

Fewerkugel die
inn einer Stuben mag an=
gezündt werden / vnd laufft
darin hin vnd wider.

Machs also : Laß dir eine kugel
von holtz drehen / die im Dia-
metro so dick seye / als lang die
mitlen Racketen sind / welche leng du
vnter der Racketen beschreibung eygentlich magst erlernen / Als denn v-
berstreich solche hültzene Kugel zimlich wol mit seyffen an allen orten /
vnnd solches vberstreichen beschicht
von wegen des / das das papier so
darüber geleimbt wird / nit an die kugel angeleimbt möge werden. Nachmals schneyde papier einer zwerch
hand breyt / vnnd das solche geschnitten werden / dem lengsten theyl nach /

so ein boge̅ papier geben mag / vnd in
solche an beiden seyten herauff schliß
eines daumes breyt hinein geschnitten / vnnd allweg zweyer finger breyt
eine̅ von dem andern / Folgends nim̄
solcher papier eins / vnnd vberstreich
es mit einem zerlaßnen leim / Als de̅
schlage solches vmb die kugel fein satt
herumb / das es wol anlige / doch das
nicht das theyl / so mit leim vberstri-
chen ist / auff die kugel kom̄ / vnd denn
ein anders genom̄en / auch also / doch
an einem andern ort der kugel darumb geschlagen / vnnd darüber geleimbt / Auff gehörte weyß / sollen die
papier also vber die Kugel geleimbt
werden / biß es vngefehr an allen orten fünff oder sechs fach wird / vnnd
fleissig acht gehabt / damit kein theyl
der kuglen nicht on vberleimbt bleybe / Nachgehends laß sie wol trucken
werden. So solchs beschehen / schnei-
de zu

de zumitt vber die kugel gerad herü-
ber rund vmb/damit solch vberley-
met papier genzlich durchschnitten
werde/biß auff die Kugel/als denn
gehet solch papier herab/vnd verglei-
chet sich zweyen halben auffgedreheten kuglen.Nachgehends muß du ha
ben gefülte Racketen/drey oder vier/
die gerad die leng haben als dick die
kugel ist/wie denn zuvor auch gemelt
ist/auch sollen solche Racketen keinen schlag haben / Als denn nimme
solche/vnnd lege sie auff das ein halb
theyl der Kuglen (verstehe inwendig) je eine an die ander zumitt dar-
auff/schneid denn ein wenig auf dem
geleimbten papier an beyden orten/
damit die Racketen auff das halbe
theil hinein gehen/Nimme denn auch
das ander halbe theyl / vnnd thue es
gerad darüber/ vnd denn gleichs fals
den Racketen hinein geholffen / wie

vom

vom erſten theyl gemelt iſt / auff das
ſolche beyde halbe theyl gerad wider=
umb auffeinander gehend / Vnnd die
Racketen ſollen dieſer geſtalt hinein
gelegt werden / alſo / das die Racke=
ten eine vmb die ander vmbkert ſeye/
Das verſtehe alſo / das wo die erſte
das helfflein hinkeret/ das am andern
das hindertheil ſeye/ Zu beſſerm ver=
ſtand/ beſihe gegenwertige figur.

Aio

Als denn leime das ander halbe
theyl der kuglen auff dieses/vnnd sihe
das du die Racketen der gestalt zu=
richtest/ das so die erst auß brint/das
es die ander antzünde/vnd nach auf=
brinnung der andern/ die dritt ange=
zündt werde/Das geschicht also: Sti=
che ein loch zuhinderst inn die ersten
Racketen/raum denn ein/vnnd richt
das zündloch der andern dergestalt
daran / das / so solche außgebrunnen
ist / gleich die andern zu solchem loch
herauß mögen anzünden/Deßgleichen
die ander die dritten / Vnd so du also
von einer in die andern gantz wol vñ
fleissig hast eingeraumbt/Als deñ v=
berleim die fugen beider halber kuglē/
zu rund vmb mit papir/ allein dz helß
lein der ersten rackete laß vnuerleimt/
damit du es alda mögest anzünden/
Vnnd sihe / das du also eingeraumbt
habest

LXV

habeſt ein Racket in die ander/das in
vberleimung ſolcher je eine von der
andern vnuerhindert/vnterhalb dem
vberleimbten papier möge angezünd
werden/Auch ſihe inn allweg das die
Racketen nicht für die Kugel herauß
gehend/ damit die Kugel vnuerhin=
dert hin vnd her lauffen möge/laß es
denn alſo wol trucken werden / So
denn ſolches alles nach erzelter maß
fleyſſig gemacht iſt / ſtreich ſie denn
von farben ſchwartz an/als denn iſt
ſie gentzlich fertig/So du ſie deñ bren=
nen wilt/trücke das zündloch des er=
ſten Racketleins vol zeug / zünde ſie
denn in einer Stuben oder ſonſt auff
einer ebne an/ damit ſie on verhinde=
rung hin vnd her lauffen möge/wirſt
du als denn nach deinem begern luſt
ſehen.

K   Ein

Ein schöner vn=
terricht / wie du sampt ei=
ner gesellschafft in Faßnacht/oder an=
dern gelegenen zeiten/ein schöne
Mummarey von vorgemel=
ten Fewrwercken zu=
richten solt.

ERstlich mache vmblauffende rc̄d=
lein/so viel du denn zu der gesell=
schafft die du bey dir hast bedarff=
fest / wie du solche gantz artlich zu=
richten solt / bist du formen in jrer be=
schreibung gnugsam vnterricht wor=
den. Nachgehends lasse dir von ten=
nen holtz dünne Scheiben machen/die
inn der runde diese größ haben/nem=
lich / so du die redlein auff das Cen=
trum solcher scheyben legest / das sol=
che Scheyben rund vmb zweyer zim=
licher

her hend bzeyt fürgehen/ So denn
lche gemacht / als denn laſſe dir ey=
rne Negel machen / Auff folgende
em / Vnd damit du dieſe Negel be=
er baß machen mögeſt laſſen nach
chter art / biſt du ſolches auch vn=
er der beſchzeybung des vmblauf=
nden redleins vnterricht wozden/
och hat ſolcher ein wenig was an=
ere form/nemlich/vnterhalb des ab=
tz / muß er gleiche größ / wie oben/
aben/ vnd vngefehz zweyer zwerch
nger vnterhalb fürgehen/ ſoll auch
n loch haben/gleich wie oben. Deß=
leichen ſollen eyſene ſpeydelein in die
cher des nagels vnten vnnd oben
emacht werden / Solches alles
nagſt du auß beſichtigung nachfol=
ender Figur genugſam verſtehen/
ls denn boze ein loch zu mitt inn die
Scheyben/ ſtoß den gemelten eyſern
agel dardurch / mit dem kürtzern

K ij   theyl

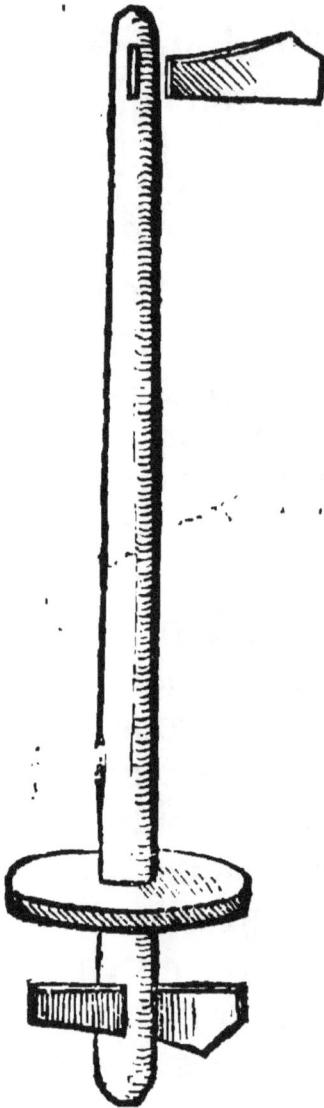

theyl/ vnnd denn
dz speidelein dar-
ein geschlagē/ da-
mit solcher nagel
gantz steyff vnd
satt, darin stehe.
Nachgehēds thu
das redlein an sol
chen nagel / mit
fürsteckung des
speydleins/ vnnd
vberleime das
redlein oben mit
papier / streyche
denn die scheiben
sampt dem vber
leimbten papier
mit farben an/dz
es einer Tartschē
oder Schildt/ so
man vor zeyten
gebraucht hat/ge
leich

leich seye/Vnd denn hinden an solcher
sollen sein zwo schnůr / dardurch du
magst den lincken arm stossen / wie
denn solche getragen werden / Vnnd
denn so sie also gemacht seyen / haben
sie diese form.

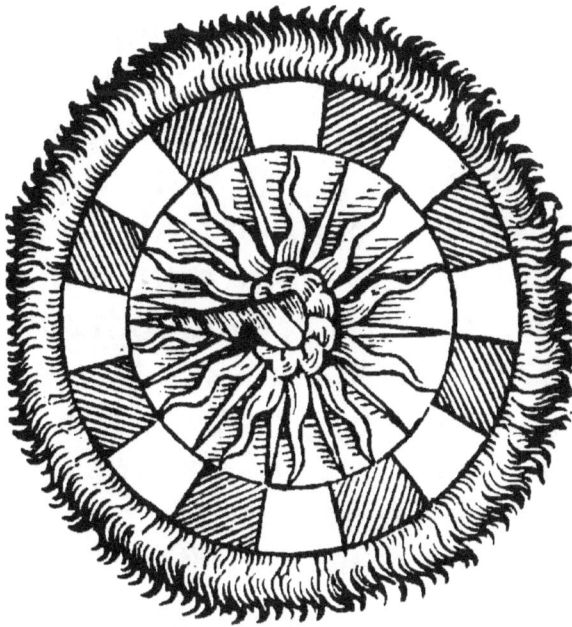

Nachgehends soltu haben Streit=
kolben/schiessende Fackeln/vnd auch

K iij   Stöck

Stöck mit auffarenden fewren/die
auff die weyß so du vnterricht bist/
bey einem jeden in seiner beschreibung
gemacht seyen / Auch solt du haben
Spießstenglein / inn solche bor oder
brenn zumitt fornen hinein / so weyt
du kanst/vnnd denn solche löcher mit
dem brennenden zeug / welchen du
vnter der beschreybung des Stocks
finden wirst/gefült / vnnd mit einem
stössel hinein gesetzt werden solle /
Mach auch oben an solch stenglein
von papier ein form eines Scheff-
leins/oder Spießeysens doch vnuer-
hindert/das du solchs am spitz magst
anzünden. So du denn also diese
stück / auch andere so die tegliche v-
bung leren wird/zugericht hast / vnd
du nu mit deiner Gesellschafft in der
Mumarey wilt gehen/Als denn ver-
mumm dich sampt deinen gesellen/vnd
theyl die Fewerwerck fein auß/nem-
lich/

lich / das der eine tartſchen am lin=
cken arm habe / inn der rechten aber
ein Streitkolben / ſchieſſende Fackel
oder Stöck / welches denn dir gefelt /
deßgleichen die andern deine mitge=
ſellen ſollen andere Fewerwerck ha=
ben / auch etliche vnter jnen ſollen die
Spieſlein haben / vnnd mit denen ſo
die Tartſchen haben / kempffen vnnd
ſtreiten / Doch das der zeug in Spieß=
lein formen vor angezündet werde /
vnd die mit den Spieſlein ſollen acht
haben / das ſie alſo ſtreitend / die redlin
an den Tartſchen anzünden / an dem
ort / da denn die redlein angezünd ſol=
len werden / des du denn gnugſamen
bericht inn beſchreybung des Red=
leins haſt / vnnötig widerumb zuer=
holen. Vnd wenn es dir denn gelegen
iſt / als deñ zünde die fewrwerck nach
einander auff eim weyten platz / vnd
ſihe / das ſolch brennen der fewrwerck
K iiij   beſchehe /

beschehe/ so es inn angehender nacht
ist / Denn kein Fewrwerck beim tag
lustig gesehen wirdt/ wie denn die v-
bung solches augenscheinlich mit sich
wird bringen.

Vnd hiemit dieses Faßnechtlichen
vnterrichts / will ich jetztmals dises
mein künstlich Buch von schimpffli-
chen Fewrwercken beschliessen / vnd
solchem das ende geben. Wölte wol
auff mehr manieren Schimpffliche
Fewerwerck angezeygt vnnd gelert
haben/ aber solche auß diesen gezogen
vnnd genommen sind / Derohalb so
du diesen / so hierin beschrieben sindt/
fleyssig nachdenckest / wirst du vnzalbare dardurch zuwegen bringen/
wie du sehen wirst.

ENDE.

Beſchluß inn die

beſchreybung der ſchimpff=
lichen Fewerwerck.

N V haſt du hiemit freundt=
licher Leſer/das ende vnnd
beſchluß meiner arbeyt / ſo
ich dir auffs trewlicheſt /
vnd ſo vil jmmer müglich/nach mei=
nem verſtand / dermaſſen vnter die
hand geben hab/das du/ſo du anderſt
luſt haſt/jn gantz artlich magſt nach=
kommen/vnd ſolche nach deinem be=
gern volbringen / Bin auch wol wil=
lens geweſen / gleich jetztmals inn di=
ſem Buch zu beſchreiben die Fewer=
werck / ſo zum ernſt gebraucht wer=
den / als inn Beſatzungen/ Stedten
oder Schlöſſern / Dieweil aber ſol=
ches ſich was lenger verweylt hette/
hab

hab ichs jetztmals vnterlaffen/damit
folche gegenwertige künftlein defter
ehe an tag kemen / Vnnd fo ich mag
fpüren/das mein arbeit menigklichen
wird angenem fein/vnd gefallen/ wil
ich in kürtz (ob Gott wil) folch Buch
mit andern fchimpfflichen/auch ernft
lichen Fewerwercken weyters fehen
laffen/Defgleichen mit zuthun ande-
rer künftlein/ fo auch nicht vnfüglich
in diefem buch fein würden.

Wil dir auch hiemit günftiger Le-
fer angezeygt haben / das diefe mein
gegenwertige Fewrwercks befchrei-
bung vnnd gehabte mühe/andern/fo
auch hin vnnd wider außgangen
möchten fein / welcher ich zum theyl
gefehen/vnd mich liederlich genug be-
duncken/folchen nicht gleich ift.Weiß
auch das nicht eines diefer meiner
künftlein/fo in diefem Buch begriffen
findt / vormals im Truck nie keines
gefehen

gesehen ist worden / sondern erst vor
kurtzen jaren solche an tag erstmals
komen sind/vnd jr rechter gebrauch/
grund vnd fundament kundbar wor
den / welches aber ich nicht mit diesen
blossen worten bezeugt gegen menig-
lichen wil haben/ sonder die prob solcher solle meinen worten zeugniß ge-
ben/ Vnd hiemit ich mich dem günstigen Leser befelhen thue/denn in wil-
ligem annemen dieses meines
werckleins wil ich dir inn
kürtz was künstli-
chers mittey-
len.

ENDE.

Gedruckt zu Nü
renberg/durch Johann
vom Berg/vnd Vl-
rich Newber.

www.ingramcontent.com/pod-product-compliance
Lightning Source LLC
Chambersburg PA
CBHW030851270326
41928CB00008B/1317